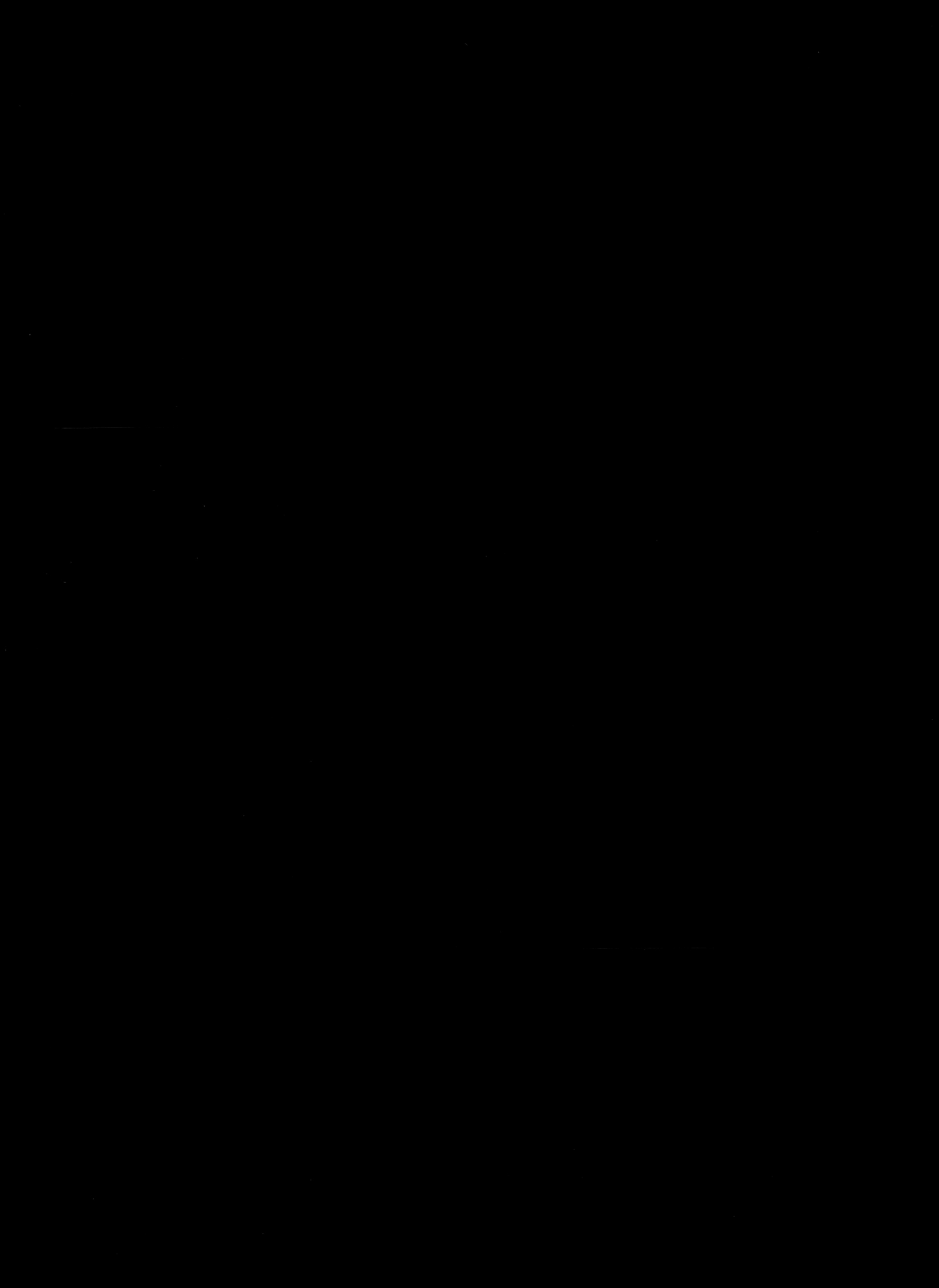

세금 없이
돈 주고받는 기술

일러두기

이해를 돕기 위해 법령 조항을 함께 인용하였으며, 본문에는 전체가 아닌 주제와 직접 관련된 부분만 발췌하여 정리하였습니다. 따라서 조항 번호가 중간부터 시작될 수 있습니다.

국세청의 룰 안에서 짜는 합법 절세 시나리오

세금 없이 주고받는 기술

염지훈·정현호 지음

서사원

염지훈 세무사

강남세무서를 마지막으로 22년간 몸담았던 국세청을 떠난 지 벌써 2년이 지났다.

"형은 왜 그렇게 열심히 사는 거야?"

"건강관리 잘해요. 큰일 나요."

이런 격려의 말들이 귓가에 맴돈다.

그동안 근무 세무사들과 야근을 하고, 사무실 간이침대에서 쪽잠을 자기도 했다.

1년 만에 나의 두 번째 책 발간을 앞둔 지금, 감회가 새롭다.

이 책은 국세청 출신 세무사로서 너무 소소하다고 말할 수 있을 정도의 일상적인 얘기이다.

개업해서 지금까지 전화, 문자, 대면상담 등을 통해서 스쳐 지나간 수많은 납세자의 살아있는 이야기를 너무 무겁지 않게 담으려고 노력했다.

유튜브 채널 〈국세청 아는형〉의 일등 공신 문PD와 25만 유튜브 구독자분들께 가장 먼저 감사의 말씀을 전한다.

그 외에도 감사할 분들이 너무 많다.

아는형의 주인공들 최형석, 임수정, 송노용 세무사, 양도세의 최강자이자 국세청 입사 동기 미네르바 올빼미 김호용 세무사, 항상 격려의 말을 나눠주는 수많은 국세청 선후배님들께도 고개 숙여 감사드리고 싶다.

나를 믿고 따라와 주는 최승혁, 이성우, 염승빈, 어진 4명의 세무사와 직원들께 늘 고맙다.

이 책이 출간되는 동안 다소 집안에 소홀했다.

지금도 혼자 집에서 아들이 찾아오기를 바라고 계실 나의 사랑하는 어머니,

25년 넘게 늘 한결같이 사위를 응원해 주시는 장인어른,

항상 올바른 생각으로 삼 남매를 잘 키워주신 훌륭한 장모님,

열심이지만 재미없는 내 인생을 묵묵히 응원해 주는 내 영원한 비서실장 사랑하는 아내 윤경, 군대에 입대한 지 1년이 훌쩍 지나고 군대에서도 행복하게 지내고 있는 큰아들 민수, 항상 아빠를 자랑스러워하고 사춘기 같지 않은 모습으로 사랑이 가득한 작은 아들 민기, 다들 감사하고 사랑한다.

지난 6월 3일 하늘나라로 가신 내 아버지, 건강하실 적 모습으로 하늘나라에서 막내아들을 지켜보시길 바라며, 아버지 가시는 길 외롭지 않게 위로해 준 수많은 분께도 감사드린다.

옆에서 함께 해 준 공동저자 정현호 세무사와 이 책이 출간되기까지 세심하게 배려해 준 출판사 서사원 관계자 여러분들께도 감사의 말씀을 올린다.

2025년 8월 말 강남 사무실에서

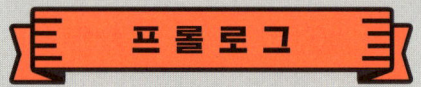

정현호 세무사

　세무사를 합격하고 세무사로서의 첫발을 〈국세청 아는형〉 염지훈 세무사님과 함께했다.

　근무기간동안 염지훈 세무사님과 어려운 상담을 하고 상속세, 증여세, 양도세 신고, 각종 조사, 유튜브 촬영까지 하면서 정말 많은 것을 배웠다.

　『세금 없이 돈 주고받는 기술』은 여러 가지 상담 및 실무 사례를 통해 납세자들이 가장 궁금해하는 부분 및 헷갈려 하는 부분에 대해서 다룬다.

　일반인의 경우 세법 전반을 잘 알지 못해 본인의 행위가 조세 부과 대상인지 판단하지 못하는 경우가 많은데, 적어도 이 책을 읽고 나면 세법에 대한 막연한 두려움은 어느 정도 사라질 것으로 생각된다.

　이 책을 마지막으로 〈국세청 아는형〉을 떠나게 되지만, 그동안 많은 것을 가르쳐 주시고 책 집필에 도움을 주신 우리 세무법인의 송노용, 최승혁, 이성우, 염승빈, 어진 세무사님께 너무 감사드린다.

생각하면 가슴이 먹먹해지는 사랑하는 나의 가족들과, 물심양면으로 신경 써 주신 세무법인 정윤경 실장님께 감사 인사를 드리고 싶다.

마지막으로 유튜브 촬영과 책을 집필할 좋은 기회를 주신 문PD님과 염지훈 세무사님께 감사드리며, 책 출판에 많은 도움을 주신 서사원 관계자분께도 감사드린다.

2025년 8월 어느 토요일

차 례

프롤로그

염지훈 세무사   004

정현호 세무사   006

CHAPTER 01
세금 없이 주고받는 돈, 어디까지 가능할까?

이건 증여일까? 차용일까? '주는 돈'과 '빌려주는 돈'의 정확한 개념   014

증여재산공제, 내가 받을 수 있는 최대치는? 10년 주기로 공제받는 한도   015

혼인·출산 때 받을 수 있는 증여공제 부모·조부모 찬스 100% 활용법   017

축하금, 얼마까지 주고받아도 될까? 세뱃돈·생일·명절 용돈의 세금 처리   019

혼수용품, 어떻게 줘야 세금을 안 낼까? 혼수·가전·예물의 증여 기준   021

축의금·부의금, 세법상 어디까지 허용될까? 방명록 등 증빙을 남길 것   023

받는 사람을 나누면 세금을 줄일 수 있을까? 여러 명에게 나누는 '수증자 분산 전략'   025

주는 사람을 바꾸면 세금을 줄일 수 있을까? '증여자 분산 전략'   028

수증자가 비거주자라면? 연대납세의무로 절세하기   030

대신 내준 증여세, 결국 추가 세금이 된다 대납 증여세의 함정   033

엄카·아카, 똑똑하게 활용하는 법 가족 간 카드 사용의 절세 기준   036

CHAPTER 02
가족에게 돈 빌려주기, 안전한 방법은?

차용증, 꼭 있어야 할까? 가족 간에도 반드시 써야 하는 이유   040

차용증, 어떻게 써야 안전할까? 상환 계획, 공증, 조사 대비 팁   042

무이자 대출, 얼마까지 괜찮을까? 한도 계산법과 주의사항   044

며느리·사위에게 나눠 빌려주면 세금이 줄까? 부부별 차용, 증여세 분리 계산   046

내 아이가 내 집에서 공짜로 살아도 괜찮을까? 무상임대 한도와 증여 기준   048

부모님께 빌린 돈, 언제까지 갚아야 할까? 부채 사후관리 실전 조언   050

CHAPTER 03
가족법인에게 무이자로 돈 빌려주기

가족법인에게 무이자로 돈 빌려줘도 괜찮을까? 가족법인의 장점과 한계 — 054
가족법인에서 돈을 빼면 횡령일까? 합법적인 인출 방법 — 056
법인 설립, 어떻게 해야 할까? 설립 절차와 준비 체크리스트 — 058
법인 대표 급여와 4대 보험은 어떻게 해야 할까? 최소 급여와 보험 관리 — 060
가족법인으로 부동산 살 때 유의할 점 주택 취득세, 상가 취득세 — 062
취득세 중과 조사, 어떻게 대비해야 할까? 본점·사무실 실체 증빙 준비 — 064

CHAPTER 04
세금 없이 자녀에게 부동산 주는 법

부동산을 주는 게 유리할까? 현금을 주는 게 유리할까? 상황별 세금 비교 — 068
시가보다 30% 싸게 넘겨도 될까? 저가양도의 합법 한도 — 070
시가는 어떻게 정해지는 걸까? 감정 평가와 산정 기준 — 072
대금지급은 어떻게 준비할까? 저가양도 시 실질과세 주의 — 074
자녀에게 대금지급능력이 없을 땐 어떻게 해야 할까? 전세·대출 활용하기 — 076
저가양도보다 증여가 유리할 때도 있을까? 사례별 세금 비교 — 078
양도세·취득세는 어떻게 계산될까? 시가 기준과 가산세 주의 — 080

CHAPTER 05
부동산 자금조달계획서, 왜 중요할까?

작성대상은 누구일까? 안 내면 과태료, 내면 세무조사 가능 — 084
세무조사는 몇 년 전까지 나올까? 최대 15년, 평균 3~5년 조사 — 086
대출은 어떻게 준비할까? 대출약정서 활용으로 증여세 방지 — 088
증여세 신고, 어떤 실수를 조심해야 할까? 사실혼·비거주자 사례 — 090
차용증, 어떻게 써야 안전할까? 조사로 이어지지 않는 작성법 — 092
취득세, 중개사 비용 조사대상일까? 자금출처조사에서 확인하는 핵심 비용 — 094
재산 취득자금 입증 못하면 어떻게 될까? 증여추정 기준과 예외 — 095
자금조달계획서, 대출로 소명할 수 있을까? 무죄추정 원칙의 적절한 활용 — 097
소득지출분석(PCI), 국세청은 어떻게 조사대상을 고를까? 조사 선정방식과 실제 사례 — 098

CHAPTER 06
통장에서 안전하게 돈 빼는 법

현금 출금, 어떻게 해야 증여로 안 걸릴까? 인출 목적, 금액별 안전한 기준	102
부모님이 출금하신 걸 어떻게 확인할까? 1225 규정 : 추정상속재산	104
현금 입금 시 주의할 점은? 5억 원 현금 보유자의 세무 리스크	106
현금 입금 시 최악의 경우? 세무조사 사례와 대비법	107
분양권 양도, 세무조사 안 걸릴까? 40% 가산세, 과태료 부과	109
자금출처조사가 사업체 조사로 번질 때 조사 흐름 읽고 대응하는 법	111

CHAPTER 07
상속보다 유리한 사전증여 전략

유언, 왜 미리 준비해야 할까? 손자녀 세대까지 절세하는 방법	114
상속 포기, 정말 괜찮을까? 상속 포기보다는 유언	116
창업자금 증여, 어떻게 활용할까? 증여세 과세특례와 절세 포인트	118
보험 가입, 세금에 어떤 차이가 있나? 계약·납입 구조에 따라 달라지는 세금	120
10년 이내 증여, 꼭 필요한가? 증여 타이밍에 따른 절세 효과와 시가 산정 시기	122
상속인 외 사전증여의 장점 며느리·사위·손자녀 활용 전략	124

CHAPTER 08
양도소득세, 절세를 위한 필수 체크리스트

1세대 1주택 체크리스트 필수 점검 사항과 유의점	128
나의 세대원은 누구일까? 세대원 판단 기준	130
주택의 개념은 어디까지? 오피스텔·농가주택 포함 여부	133
2년 보유만으로 충분할까? 조정대상지역 거주 요건	134
2년 거주를 못한다면? 상생임대주택 활용법	135
일시적 2주택, 어떻게 활용할까? 절세 전략 매각 시기	136
상속주택, 비과세 요건은? 상속주택 판정 기준	138
혼인합가·동거봉양합가, 비과세 혜택받는 법 10년 특례 이해하기	140
거주주택 비과세, 어떻게 적용될까? 장기임대주택 요건과 주의사항	142

CHAPTER 09
취득세, 기본만 알아도 절세할 수 있다

취득세, 무엇이 과세대상일까? 과세 항목과 부과 기준	146
취득세 유형별 과세표준과 기본세율 상황별 계산 방식	147
취득세 중과세, 피할 방법은 없을까? 세대분리와 절세 전략	150
취득세 감면규정, 무엇을 알아야 할까? 생애 최초 주택 구입 및 출산·양육 주택 구입 감면 혜택	152
중과 판단에서 제외되는 주택은? 주택수 산정 예외 항목	153
취득세에도 일시적 2주택이 있다 환급 요건과 적용 방법	154
유증으로 받은 주택, 세금은 얼마나 나올까? 상속 vs. 증여 차이	155
아들은 일반세율, 며느리는 중과세? 가족 간 증여의 세금 차이	158

CHAPTER 10
세무조사, 언제 나올까?

상속세 세무조사는 어떤 경우에 나올까? 조사대상 선정부터 조사 통지, 진행 절차까지	162
나도 자금출처조사가 나올까? 자금조달 유형별 위험도와 점검 포인트	165
양도세 조사는 왜, 언제 나오는 걸까? 조사 시점, 원인, 그리고 불복 절차까지	168
국세청 직원은 왜 이렇게 열심일까? 조사공무원에 대한 오해와 열심히 조사하는 진짜 이유	170
세무조사, 어떻게 대응해야 할까? 조사 중 말과 행동, 꼭 주의할 점	173

CHAPTER 11
국세청 홈택스 100% 활용하기

10년 이내 다른 증여, 어떻게 확인할까? 과거 증여 내역 조회 방법	178
증여세 신고, 직접 할 수 있을까? 홈택스 정기신고 따라 하기	182
우리 아파트 가치는 얼마일까? 유사 매매사례가액 조회법	187
부모님의 사전증여, 세무서에서 확인할 수 있을까? 상속세 신고 전 내역 조회법	191
상속세, 얼마나 나올지 미리 알 수 있을까? 홈택스 모의계산 활용법	193
양도소득세 예정신고, 어떻게 할까? 간편신고 절차와 주의점	196

CHAPTER 01

세금 없이 주고받는 돈, 어디까지 가능할까?

 1 이건 증여일까? 차용일까?
'주는 돈'과 '빌려주는 돈'의 정확한 개념

"자녀에게 2억 원을 주고 싶어요."

부동산 취득을 앞둔 자녀를 위해 나를 찾아오는 부모님들은 종종 이렇게 말한다. 이는 곧 '증여를 하고 싶다'는 의미다. 예컨대 내가 "2천만 원 정도 증여세가 나옵니다"라고 설명하면, 의뢰인은 "내가 아는 사람은 증여세 안 내고 자식한테 돈 줬다던데요"라고 되묻는다. 이는 증여공제를 최대한 활용하고 차용을 하고 싶다는 말일 것이다. 세금을 내고 싶어 하는 사람은 없다. 특히 다른 사람은 세금 안 내고 해결했다고 하는데, 굳이 내가 먼저 나서서 내겠다고 말하는 사람은 없다.

『세금 없이 돈 주고받는 기술』이라는 책을 들어가면서 아주 간단한 개념 정리, 증여와 차용의 개념을 설명해보려고 한다.

- 증여는 단순하게 '주는 돈'
- 차용은 '빌려 주는 돈', '이후 돌려받을 돈'

증여(상속세 및 증여세법 제2조 제6호)
'증여'란 그 행위 또는 거래의 명칭·형식·목적 등과 관계없이 직접 또는 간접적인 방법으로 타인에게 무상으로 유형·무형의 재산 또는 이익을 이전하는 것

② 증여재산공제, 내가 받을 수 있는 최대치는?
10년 주기로 공제받는 한도

"세금 없이 몇 년에 한 번씩 증여할 수 있어요?"

많은 사람들이 이 질문에 스스로 답할 만큼, 세금에 대한 이해 수준이 높아졌다. 내가 유튜브를 처음 시작했을 때 많은 관심을 받을 수 있었던 건, 이런 주제를 최대한 쉽게 설명하려 했기 때문이다.

> 애가 태어나면, 태어나자마자 할아버지가 손자에게 2천만 원, 이모·고모 등이 1천만 원을 증여세 없이 증여하는 경우가 있다.
> 그리고 10년 후인 11살에 마찬가지로 3천만 원을 증여한다.
> 또 10년 후인 21살에, 그때는 아이가 미성년자가 아니니까 부모 등이 5천만 원, 기타 친족이 1천만 원을 증여하고, 31살에 또 6천만 원을 증여한다.
> 이렇게 3-3-6-6을 꾸준히 실천하면 증여세 없이 31살까지 1억 8천만 원을 증여할 수 있다. 이자까지 쌓인다면 2억 원이 훨씬 넘는 돈이 된다.

상담에 찾아오신 분들께 사전증여를 하고 신고해본 적이 있느냐고 물으면, 정작 실천한 사람은 드물다. 왜 안 하셨냐고 물어보면, 돌아오는 대답은 대체로 비슷하다.

① '몰라서' : 대한민국 공교육 현장에서 세금 교육은 다소 미진하다.
② '돈이 없어서' : 아이가 어릴 때는 부모도 돈이 없기 마련이기에 이해가 된다.

③ '효과가 얼마나 되겠어. 차라리 그 시간에 돈을 벌겠다' : 사실 시간은 거의 들지 않는다. 돈을 송금하고, 국세청 홈택스에 접속해 아이 증여세 신고만 하면 된다.

31살까지 사전증여를 하고, 이후에 설명할 혼인·증여 공제 및 축의금까지 알뜰하게 모은다면, 부모·자식 간에 그 흔한 차용증 없이도, 내 자녀가 집을 살 수 있게 도울 수 있다.

증여재산공제(상증법 제53조)

거주자가 다음 어느 하나에 해당하는 사람으로부터 증여를 받은 경우에는 10년간 다음 구분에 따른 금액을 증여세 과세가액에서 공제한다.

증여자의 관계	공제 금액	비고
배우자	6억 원	사실혼은 안됨
직계비속	5천만 원	수증자*가 미성년자(19세 미만)시 2천만 원
직계존속	5천만 원	증여자가 미성년자여도 무관
기타 친족	1천만 원	4촌 내 혈족, 3촌 내 인척(그룹 전체)

- 며느리, 사위는 기타 친족에 해당함.

* 증여를 받는 사람, 즉 재산이나 돈을 무상으로 받는 사람

3 혼인·출산 때 받을 수 있는 증여공제
부모·조부모 찬스 100% 활용법

"1억 원까지 증여세 없이 증여받을 수 있죠?"

"저희 양가에서 1억 원씩, 총 2억 원을 증여받을 수 있다고 하던데요."

2024년부터 혼인 및 출산을 장려하고자 '혼인·출산 증여공제'가 도입되었다. 다만, 2024년 이후 증여분부터 적용되기 때문에, 혼인신고일 및 마지막 출산일로부터 2년이 지난 경우에는 적용받을 수 없어서 아쉬움이 남는다.

증여자는 직계존속이기 때문에 부모님에게 증여 여력이 없다면 조부모님의 자금으로도 공제 적용이 가능하다. 즉, 조부모님 찬스도 유효하다.

"저희는 혼인신고를 늦게 할 예정인데, 증여세 신고 시 뭘 내야 하나요?"

원칙적으로 증여세 신고 시에는 가족관계증명원을 제출해야 세무서에서 혼인 및 출생 사실을 알 수 있는데, 아직 혼인신고를 하기 전이라면 이체 내역서나 통장사본 만으로 일단 신고할 수 있다. 단, 증여일로부터 2년 이내에 혼인신고 하는 것은 잊지 말자.

또 한 가지 주의할 점은 혼인·출산 증여재산공제를 활용해서 기존 부모님의 채무를 면제하려는 경우가 있다. 상속세 및 증여세법(상증법) 제53조의2 제4항에 의거 일정한 증여재산에 대해서는 혼인·출산 증여재산공제가 적용되지 않으니, 통상은 부모님으로부터 현금을 증여받은 뒤, 그 돈으로 부모님의 돈을 실제로 변제해야 한다. 또한 혼인·출산 증여공제는 일반 증여재산공제와 중복 적용이 가능하므로, 실질적으로 더 큰 금액을 증여세 없이 증여받을 수 있다.

다만 증여일과 혼인·출산 시기가 요건을 충족해야 하므로, 이를 꼼꼼히 살펴야 한다.

혼인·출산 증여재산공제(상증법 제53조의2)

거주자가 직계존속으로부터 아래와 같이 증여받는다면 추가로 1억 원을 더 증여공제받을 수 있는데, 혼인·출산 증여금액 합해서 그 한도는 1억 원이다. 다만, 남자, 여자 양쪽 집안에서 각각 1억 원을 받을 수 있다.

기산점*	증여 기간	비고
혼인관계증명서상 신고일	전후 2년간	미리 증여 시, 2년 내 혼인신고
출생신고서상 출생일	이후 2년간	입양은 입양신고일

* 공제가 적용되는 기준 시점

4 축하금, 얼마까지 주고받아도 될까?
세뱃돈·생일·명절 용돈의 세금 처리

"김 과장, 이렇게 입금 부탁해요."

내가 아는 한 80대 중반의 사모님은 오랜 시간 단 한 곳의 은행 지점만 이용한 VIP 고객이다. 이 분은 가끔 은행을 방문해 창구직원을 통해서 현금을 조금씩 입금한다. 입금시점은 늘 집안의 축하날과 맞물린다.

이 집안에는 자녀가 3명, 손자녀가 6명이 있다. 예전에는 생일마다 온 가족이 모여서 축하식을 했는데, 요즘은 여러 가지 이유로 명절에만 모인다고 한다. 그래서 자녀나 손자녀 생일이 다가오면, 이 분은 은행 VIP 창구를 찾는다. 본인이 자동이체를 하지 못하기 때문에 은행을 직접 방문해 생일을 맞은 자녀나 손자녀에게 20만 원 가량의 생일 축하금을 보내는 것이다. 설날이나 추석처럼 온 가족이 모이는 날에도 세뱃돈이나 용돈을 조금씩 나눠준다고 한다. 그런데 그중 한 며느리는 명절이 끝난 뒤, 그 돈을 아이들 계좌로 다시 넣어준다.

이렇게 집안 어르신으로부터 받은 축하금을 꼼꼼히 모은 결과, 20년 동안 모인 금액이 무려 4천만 원이라고 하니, 결코 적지 않은 금액이다.

> - 할머니 세뱃돈 20만 원, 외할머니 세뱃돈 20만 원, 외할아버지 세뱃돈 10만 원
> - 큰아빠 세뱃돈 10만 원, 삼촌 세뱃돈 10만 원, 이모부 세뱃돈 10만 원
> - 이모 세뱃돈 10만 원, 엄마·아빠 세뱃돈 20만 원(이상 110만 원)

증여세를 안 내는 것도 좋지만, 괜히 부자가 되어가는 기분이 들 것이다. 비과세 되는 증여재산에 해당하면 증여세 신고를 별도로 할 필요는 없다. 그러나, 이후 증여세 신고조차도 하지 않은 그 금액을 자금출처로 인정받기 위해서는 기록을 잘 남겨두는 것이 바람직하다.

> **비과세되는 증여재산(상증법 제46조)**
> 다음 각 호의 어느 하나에 해당하는 금액에 대해서는 증여세를 부과하지 아니한다.
> 5. 사회통념상 인정되는 이재구호금품, 치료비, 피부양자의 생활비, 교육비, 그 밖에 이와 유사한 것으로서 대통령령으로 정하는 것
>
> **비과세되는 증여재산의 범위 등(상증법 시행령 제35조)**
> ④ 법 제46조 제5호에서 '대통령령으로 정하는 것'이란 다음 각 호의 어느 하나에 해당하는 것으로서 해당 용도에 직접 지출한 것을 말한다.
> 3. 기념품·축하금·부의금 기타 이와 유사한 금품으로서 통상 필요하다고 인정되는 금품

5 혼수용품, 어떻게 줘야 세금을 안 낼까?
혼수·가전·예물의 증여 기준

"엄마, 고마워요. 잘 살게요."

"장모님, 감사드립니다."

몇 달 전, 백화점 전자제품 판매장에 갔다가 본 장면이다. 30대 초반의 남녀가 60대 초반쯤 되어 보이는 멋지게 차려입은 한 여성에게 감사 인사를 하고 있었다. 그 모습은 아마도, 결혼을 앞둔 딸과 사위에게 혼수용품을 사주는 모습으로 보였다. 그 모습을 보면서 '나도 이다음에 저런 시아버지가 되었으면 좋겠다' 하는 생각이 들었다.

그런데 만약, 그 세 사람이 백화점을 나와 혼수용품 명목으로 부모님의 돈으로 자동차를 구매했다면 어떨까? 또 수천만 원에 달하는 신혼집 인테리어 비용을 부모님이 부담해 주셨다면? 이런 경우에도 혼수용품으로 보아 증여세 비과세를 적용받을 수 있을까?

예상보다 많은 혼수용품 관련 과세 판례가 성립되어 있다. 그 이유는, 아마도 더 많이 주고 싶었던 부모의 마음이 '세금 부과 대상'이 될 만큼 지나친 기술로 이어진 경우가 있었기 때문이다. 혼수용품으로서 비과세를 적용받을 수 있는 건 일상생활에 필요한 가사용품에 한하며, 호화·사치용품이나 주택·차량 등은 포함되지 않는다. 혼수로 제공하는 가전제품과 예물도 증여세 기준에서 명확히 구분된다. 냉장고·세탁기·TV·에어컨 등 일상생활에 필수적인 가전은 혼수용품으로 인정되어 비과세 대상이지만, 고가 명품 시계나 귀금속, 예물세트 등은 통상적인 수준을 넘어설 경우 과세될 수 있다. 결국 혼수 품목과 가액이 통상적인 수준인지 여부가 비과세 판단의 핵심 기준이 된다.

비과세되는 증여재산의 범위 등(상증법 시행령 제35조)

④ 법 제46조 제5호에서 '대통령령으로 정하는 것'이란 다음 각 호의 어느 하나에 해당하고, 해당 용도에 직접 지출한 것을 말한다.

4. 혼수용품으로서 통상 필요하다고 인정되는 금품

6 축의금·부의금, 세법상 어디까지 허용될까?
방명록 등 증빙을 남길 것

"5천만 원이 축의금이라니요? 30대 초반 축의금으로는 너무 많지 않나요?"

세무사로서 제2의 인생을 시작한 지 어느덧 만 2년. 내가 수행했던 조사 대리 건 중에서 자금출처조사 한 건이 생각난다. 30대 초반의 남자가 결혼식 후에 현금 5천만 원을 입금했는데, 세무서에서 그게 정말 축의금인지 조심스럽게 소명요청을 한 사건이었다.

사실 나도 세무서 내에 근무 시 비슷한 소명요청을 해본 적이 있다. 당시 납세자는 무작정 방명록을 들고 와서 '맞다'고만 주장했었는데, 방명록에는 방문자의 이름만 기재되어 있어서 본인의 손님인지, 부모님의 손님인지는 구분이 어려웠고, 접수 금액이 기재되어 있지 않아서 실제로 적정한 금액인지 입증하기 어려웠다. 그래서 나는 내가 맡은 조사에서 다음과 같은 증빙을 제출했다.

① 청첩장과 방명록
② 방명록에 있는 이름과 금액을 엑셀에 정리
③ 축의금을 지급한 사람과의 관계를 기재 (부모님의 지인은 제외)

결혼식 축의금뿐 아니라, 부의금에 대해서도 마찬가지다. 이런 금액은 반드시 실제 수령자의 통장에 직접 입금하는 것이 좋고, 방명록, 부고장, 입금 내역 등은 가급적 보관해두는 것이 안전하다. 세법상 축의금·부의금은 사회통념상 인정되는 범위 내에서만 비과세가 가능하다. 금액이 지나치게 크면 사실상 증여로 간주될 위험이 있다. 결혼식 당일 예식비 및 장례식장 비용은 누가 내야 할까? 통상은 접수된 금액으로 계산하는 경우가 많다.

그러나, 그렇게 경조사비 접수 금액을 소진하기보다는 여력이 있는 부모님이 부담하고 접수된 금액은 자녀들이 직접 근거를 남기면서 통장에 현금 입금하는 것이 추후 자녀들의 자금출처를 확보하는 데 도움이 될 것이다.

비과세되는 증여재산의 범위 등(상증법 시행령 제35조)

④ 법 제46조 제5호에서 '대통령령으로 정하는 것'이란 다음 각 호의 어느 하나에 해당하는 것으로서 해당 용도에 직접 지출한 것을 말한다.

3. 기념품·축하금·부의금 기타 이와 유사한 금품으로서 통상 필요하다고 인정되는 금품

7 받는 사람을 나누면 세금을 줄일 수 있을까?
여러 명에게 나누는 '수증자 분산 전략'

"어쩔 수 없이 증여로 하겠습니다. 증여로 신고할게요."

증여로 할지, 차용으로 할지 고민하다가 결국 증여로 결정하는 경우가 종종 있다. 그 대표적인 상황은 다음과 같다.

① 차용이 너무 과하면 자금출처조사가 나올 수 있고,
② 훗날 언젠가 갚아야 하는데, 자녀가 도무지 갚을 능력이 안 되는 경우다.

이럴 때, 많은 부모님이 결국 "차라리 증여로 하겠다"고 말한다. 그러면 나는 늘 이렇게 얘기한다.

"자녀분 결혼하셨어요? 혹시 사위나 며느리가 있다면 두 명에게 나눠서 증여하는 게 증여세를 줄일 수 있습니다."

구분	딸에게만 증여	합계	딸	사위
증여가액	7억 원	7억 원	3억 5천만 원	3억 5천만 원
증여공제	5천만 원	6천만 원	5천만 원	1천만 원
과세표준	6억 5천만 원	6억 4천만 원	3억 원	3억 4천만 원
산출세액	1억 3,500만 원	1억 800만 원	5천만 원	5,800만 원

증여자와 수증자의 관계에 따라 증여공제 금액이 정해져 있다. 자녀가 결혼했다면, 사위나 며느리에게도 별도의 증여공제 한도가 적용된다. 즉, 부모가 자녀와 사위(또는 며느리)에게 나누어 증여하면, 각각의 증여 공제를 적용받을 수 있고, 세율도 따로 적용되므로 절세 효과가 크다.

같은 경우에, 이 상황을 손녀와 손녀사위에게 적용 시 손녀사위에게는 세대생략에 따른 할증과세가 적용되지 않기 때문에 오히려 그 차이는 더 크게 발생한다.

할증과세 적용 시(손녀딸에게 증여)

구분	손녀딸에게만 증여	합계	손녀딸	손녀사위
증여가액	7억 원	7억 원	3억 5천만 원	3억 5천만 원
증여공제	5천만 원	6천만 원	5천만 원	1천만 원
과세표준	6억 5천만 원	6억 4천만 원	3억 원	3억 4천만 원
산출세액	1억 3,500만 원	1억 800만 원	5천만 원	5,800만 원
할증세액	4,050만 원	1,500만 원	1,500만 원	-
할증 후 세액	1억 7,550만 원	1억 2,300만 원	6,500만 원	5,800만 원

하지만 이렇게 얘기하면, 표정이 밝아지는 분은 드물다. 가급적 사위나 며느리에게 증여하고 싶지 않기 때문이다. 하지만 그 증여가 내 집안 전체의 세금을 줄이는 데 기여하므로 이익이 된다.

물론 수증자를 나눠도 되지만 증여자를 나눠도 누진세율을 피할 수 있다. 다만, 증여자가 부모(직계존속)일 경우, 부모와 그 배우자가 증여한 금액은 합산해서 계산

된다. 예를 들어, 어머니가 자녀에게 증여하고, 아버지가 또 증여하면, 두 금액을 합쳐서 세금을 계산하기 때문에 세금을 줄이는 효과가 없다.

그러나 아버지가 아닌 제3자를 통해 나누어 증여하면, 누진세율 적용을 피할 수 있고, 수증자를 나누는 것과 같은 절세 효과를 얻을 수 있다.

> **증여세 과세가액(상증법 제47조)**
> ② 해당 증여일 전 10년 이내에 동일인(증여자가 직계존속인 경우에는 그 직계존속의 배우자를 포함한다)으로부터 받은 증여재산가액을 합친 금액이 1천만 원 이상인 경우에는 그 가액을 증여세 과세가액에 가산한다.
> 다만, 합산배제증여재산의 경우에는 그러하지 아니하다.

# 8 주는 사람을 바꾸면 세금을 줄일 수 있을까?
'증여자 분산 전략'

"어머니로부터 2억 원을 증여받는 것보다, 그중 1억 원을 친누나로부터 증여받으면 증여세가 전체적으로 1천만 원 줄어든다고 들었는데, 그렇게 해도 괜찮을까요?"

세금을 조금이라도 줄이기 위해서 증여자를 분산해 보려는 분들이 있다.

그럴 때 나는 이렇게 질문한다.

"혹시 누나가 원래 자금 여유가 있으신가요?"

"어머니가 누나에게 그 돈을 먼저 보내고, 그 돈으로 누나가 다시 증여하시려는 건가요?"

형제끼리 여유롭게 증여할 수 있는 경우는 드물다는 걸 세무서 직원도 잘 알고 있다. 그렇다면 세무서 직원이 이게 진짜 증여인지 아닌지 확인하려면 어떻게 할까?

① 증여세 신고서를 검토하면서, 수증자에게 전화 또는 공문을 통해 증여자인 누나 계좌의 증여일 전후 3개월간의 입출금 거래내역을 협조 요청한다.
② 입출금거래내역서에 누나에게 입금된 고액 현금이 있다면, 그 금액이 어머니로부터 전달된 것일 가능성이 있다고 보고, 이후 수증자를 세무조사 대상으로 선정할 수 있다.

증여자 분산 전략은 이론적으로는 세금 절감에 효과가 있지만, 실무에서는 '자금출처'가 동일하면 하나의 증여로 간주될 위험이 크다. 특히 가족 간 연쇄 증여의 경우, 세무당국은 증여자 전원의 거래내역을 교차 검증할 수 있기 때문에 숨기기 어렵다. 게다가 증여자 간의 금전 이동이 사전 설계된 것으로 확인되면, 절세가 아니라 '증여세 탈루'로 판단될 수 있다. 결국 증여자 분산은 자금 출처가 독립적이고 거래의 실질이 명확할 때만 안전하게 활용할 수 있는 전략이다.

질문·조사(상증법 제84조)

세무에 종사하는 공무원은 상속세나 증여세에 관한 조사 및 그 직무 수행에 필요한 경우에는 다음 각 호의 어느 하나에 해당하는 자에게 질문하거나 관련 장부·서류 또는 그 밖의 물건을 조사하거나 그 제출을 명할 수 있다. 이 경우 세무에 종사하는 공무원은 질문·조사하거나 장부·서류 등의 제출을 요구할 때 직무 수행에 필요한 범위 외의 다른 목적 등을 위하여 그 권한을 남용해서는 아니 된다.
1. 납세의무자 또는 납세의무가 있다고 인정되는 자
2. 피상속인 또는 제1호의 자와 재산을 주고받은 관계이거나 재산을 주고받을 권리가 있다고 인정되는 자

9 수증자가 비거주자라면?
연대납세의무로 절세하기

"왜 우리 애는 증여재산공제가 안 돼요?"

증여세 신고를 의뢰하시면 내가 순서대로 묻는 질문들이 있는데, 이를 표로 정리하면 다음과 같다.

번호	질문사항	첨부서류
1	증여물건이 무엇인가요?	증여계약서 ※ 예금인 경우 : 이체 내역
2	증여자와 수증자의 관계는 무엇인가요?	가족관계증명원
3	1번에서(주택인 경우) 증여자 주택이 몇 채인가요? ※ 다주택자 여부에 따라 취득세 중과세 가능	
4	수증자가 증여세(취득세)를 직접 낼 건가요?	확인서류 없음(의사 확인 필요)

여기까지에서 끝난다면, 소소한 실수가 생길 수 있다.

"수증자가 혹시 어디에서 주로 거주하시나요?" 귀찮더라도 반드시 확인해야 할 질문이다. 왜냐하면 세법상 '비거주자'에 해당한다면, 증여공제를 받을 수 없기 때문이다.

예전에 따님에게 5억 원을 증여하려는 분께 "비거주자는 증여공제가 안 됩니다"라고 말하니, "국가가 내게 해 준 것도 없는데, 증여공제까지 안 해준다니요?"라고

구분	거주자	비거주자
증여재산가액	5억 원	5억 원
증여재산공제	5천만 원	0원
과세표준	4억 5천만 원	5억 원
세율(누진공제)	20%(1천만 원)	20%(1천만 원)
산출세액	8천만 원	9천만 원
대납시 추가증여세	1,900만 원	0원
총 증여세	9,900만 원	9천만 원

답하셨다.

그래서 나는 위에 제시한 계산 표를 근거로 설명했다.

비거주자는 증여재산공제가 안되기 때문에 일반적으로 불리하다. 특히 배우자공제는 6억 원인데 만약 수증자가 비거주자라서 배우자공제를 못 받는다면, 납부할 세액이 매우 커지니 유의해야 한다. 보통 증여재산공제를 못 받아서 납부할 세액이 더 커져 불리할 것으로 예상된다. 그러나 만약 증여자가 수증자의 증여세를 대신 납부하는 경우에는, 수증자가 비거주자인 경우가 유리해질 수 있다. 그 이유는 '증여세 연대납세의무 규정' 때문이다.

세법에는 조세채권* 확보를 위해서 각 세법에 연대납세의무규정을 만들어 놓았는데, 이 규정을 잘 활용하면 증여세 없이 추가증여를 할 수 있다.

예를 들어, 다음과 같은 경우들이 있다.

> **조세채권:** 국가가 국민에게 세금을 받을 수 있는 권리

① 비거주자가 증여받는 경우
② 현행 상속세법에서의 상속인 간 연대납세의무
③ 상속으로 공동으로 취득하는 부동산 취득세 연대납세의무

이런 규정을 적절히 활용하면, 합법적인 방식으로 증여효과를 얻을 수 있다.

증여세 납세의무(상증법 제4조의2)
⑥ 증여자는 다음 각 호의 어느 하나에 해당하는 경우에는 수증자가 납부할 증여세를 연대하여 납부할 의무가 있다.
3. 수증자가 비거주자인 경우

상속세 납세의무(상증법 제3조의2)
③ 상속인이 납부할 상속세는 상속인 또는 수유자 각자가 받았거나 받을 재산을 한도로 연대하여 납부할 의무를 진다.

연대납세의무(지방세법 제7조, 지방세기본법 제44조 제1항 및 제5항)
⑦ 상속으로 인하여 취득하는 경우에는 상속인 각자가 상속받는 취득물건을 취득한 것으로 본다. 이 경우 상속인의 납부의무에 관하여는 공유자가 연대하여 납부할 의무를 진다.

대신 내준 증여세, 결국 추가 세금이 된다
대납 증여세의 함정

"지훈아, 세무서에서 조사통지서를 받았어."

어렸을 때부터 동네에서 함께 지냈던 친한 형한테 전화를 받았다.

"형, 무슨 조사?"

"우리 아들에게 증여세 조사통지서가 날라왔어."

내 귀를 의심했다. 형과 형수는 욕심 없이 소박한 삶을 살고 있고, 법을 어길 만한 일과는 거리가 먼 사람들이었다. 그런데도 형 내외가 아니라, 조카가 조사대상으로 선정된 이유는 의문이었다.

알고 보니, 할아버지가 손자에게 1억 2천만 원의 개별주택을 증여해 준 것이 이유였다. 손자가 미성년자였기 때문에 증여공제한도가 2천만 원이었고, 그래서 과세표준 1억 원에 대해서 증여세 1천만 원이 계상되었으며, 미성년자에 대한 할증과세 30%가 추가되어 약 1,300만 원에 대한 증여세를 신고·납부했다. 또한 취득세율 3.8%를 적용하여 취득세 약 400만 원도 정상 납부했다.

그런데 세무서가 그 '증여세와 취득세를 중학생인 손자가 본인이 자력으로 납부했는지' 확인하려고 조사에 들어간 것이다. '설마 그것 때문에 조사가 나왔을까?'

형과 함께 떨리는 마음으로 세무서를 방문했는데, 조사 사유는 정말 그것이었다.

미성년자가 실제 소득이나 자금원이 없는데 세금을 낸 경우, 부모의 대납 여부를 확인하는 절차가 필요했던 것이다.

1,700만 원밖에 안 되는 증여세와 취득세를 누가 냈는지 확인하기 위함이었다.

구분	할아버지(주택)	구분	어머니(현금)
증여재산가액	1억 2천만 원	증여재산가액	1,700만 원
증여재산공제	2천만 원	증여재산공제	0원
과세표준	1억 원	과세표준	1,700만 원
세율	10%	세율	10%
산출세액	1천만 원	산출세액	170만 원
세대생략가산세	300만 원	가산세	40만 원
총 증여세	1,300만 원	추가납부세액	210만 원
취득세	456만 원		

* 신고세액공제 생략

따라서 습관적으로, 해당 증여세를 누가 낼 것인지 스스로에게 물어야 한다.

설령 증여세가 많지 않더라도, 가급적 증여세 및 취득세 납부는 수증자가 직접 해야 하며, 만약 납부 여력이 없다면 기존 증여자와 동일인이 아닌 다른 친족으로부터 증여받는 게 좋다.

"설마 이렇게 적은 금액도 확인하겠어?"

이 말은 "까짓거, 증여세 나오면 가산세까지 같이 내지 뭐"라는 말과 다르지 않다. 하지만 세무서는 우리가 생각하는 것보다 훨씬 더 촘촘하고, 꼼꼼하다.

따라서 증여세를 대신 내주는 순간, 세법상 또 다른 증여가 발생해 과세가 되풀이되는 결과를 초래할 수 있다.

"선생님, 혹시 증여세는 본인이 내셨어요?"

세무서에서 증여세 신고서를 검토하는 과정에서 소득 등을 분석해서 세금 납부

자력이 없다고 판정되는 경우 언제든 세금 납부 출처 및 납부내역을 요구할 수 있다. 따라서 원칙대로 세금 납부는 증여받는 사람이 하는 것이 조사 선정을 피하고 추후 가산세 부담을 절감하는 방법이다.

증여세를 낼 금액이 전혀 없다면 어떻게 할까?

① 증여세 낼 돈까지 생각해서 증여 받기
② 증여세를 낼 자금을 대출 받기
③ 대출 여력이 없다면 기타친족으로부터 증여받기
④ 증여세 연부연납 활용하기(최대 5년, 6회)
　　※ 부동산 등 담보 제공 필요

 # 엄카·아카, 똑똑하게 활용하는 법
가족 간 카드 사용의 절세 기준

"엄마 카드로 아이 학원비 결제해도 되나요?"

내가 학생이던 시절(1980년~2000년)에는 부모님 카드를 들고 다니는 친구가 없었다. 그런데 요즘 아이들은 초·중·고 시절부터 부모님의 신용카드나 체크카드를 가지고 다닌다. 대학생이나 취업 준비생이 된 이후에도 그 생활을 그대로 이어가기도 한다. 그렇게 부모님 카드 사용에 익숙해지다 보니, 취업을 하고 결혼을 한 뒤에도 부모님 카드에 의존하는 이른바 '캥거루족'도 있다.

상담실에서 "아이가 부모님 카드를 사용하면 국세청에서 그 사실을 알 수 있나요?"라는 질문을 자주 받는다. 이 질문에 간단히 '예' 또는 '아니오'로 대답하기는 어렵다. 왜냐하면 알려고 마음먹으면 얼마든지 확인이 가능하기 때문이다. 물론 자녀가 사용했다는 사실을 입증하기 어려운 건도 있다.

세법상 가족 간 카드 사용이 모두 문제 되는 것은 아니다. 실질적으로 가족 공동생활비나 부모가 부담하는 교육·의료비처럼 사회통념상 인정되는 범위라면 과세 대상이 아니다. 그러나 고가의 사치품이나 여행경비, 개인적 소비 성격이 강한 지출은 '금전 무상 제공'으로 판단되어 증여세가 부과될 수 있다. 특히 동일한 카드로 반복적으로 고액 결제가 발생하면, 국세청은 이를 단순 편의가 아닌 '상습 증여'로 의심한다.

만약 내가 세무공무원이라면 어떨까?

부모님의 신용카드 사용 내역을 카드사에 요청해서 엑셀로 내려받는다.

신용카드 사용 내역을 ① 사용일자 ② 사용지역 ③ 사용처 ④ 사용처 업종 ⑤ 사용금액 등으로 정렬할 수 있다. 이 정보를 확보한다면, 부모님의 실제 사용 금액과 자녀의 사용 금액을 분류해서 파악할 수 있다. 일단 자녀의 주거지나 직장 위치, 사용 업종 (아이 학원비 등) 등에 따라 부모님 카드를 자녀가 대신 사용했을 가능성을 확인할 수 있다. 이 단계까지 조사에 들어갔다면, 세무공무원에게 관용은 없다. 아마 모든 항목을 면밀히 분석하며 과세 여부를 판단하고 있을 것이다.

CHAPTER 02

가족에게 돈 빌려주기, 안전한 방법은?

1 차용증, 꼭 있어야 할까?
가족 간에도 반드시 써야 하는 이유

"가족끼리 차용증을 꼭 써야 하나요?"

〈국세청 아는형〉 유튜브 댓글에는 이런 질문들이 종종 등장한다. 이에 대한 답은 "당연히 써야 합니다"이다. 가족끼리 차용증이 있어도 차용으로 인정받지 못한 사례들이 많은데, 차용증이 없다면 차용이 아닌 증여로 취급될 가능성이 매우 높다. 차용증에는 단순히 '빌려준다'는 문구만 적는 것으로는 부족하다. 원금, 이자율, 상환기한, 상환 방법 등 최소한의 조건이 명시되어야 하고, 가능하면 이자 지급 내역과 상환 기록을 남겨야 한다. 특히 이자율은 국세청에서 정한 이자율 4.6%를 기준으로 설정하면, 거래의 진정성을 입증하는 데 도움이 된다. 가족 간 거래라고 해서 무이자로 설정하면, 세무당국이 정상적인 금융거래로 보기 어려울 수 있다.

실제로 세무당국은 차용증의 형식보다 '거래의 실질'을 더 중시하기 때문에, 작성 이후에도 이자 입금 내역이 전혀 없으면 증여로 판단할 수 있다. 또한 거래가 고액일수록 계좌이체, 영수증, 통장 사본 등 객관적인 증빙을 함께 준비해야 분쟁을 예방할 수 있다.

또한 차용 후 일부 상환이 이루어졌다면, 상환액과 날짜를 명확히 기록해 두는 것이 중요하다. 이러한 기록이 쌓여야만 세무조사 시 '실제 채권·채무 관계'로 인정받을 가능성이 높아진다. "조사 나오면 그때 쓰죠, 뭐." 이렇게 말하는 분들도 있지만, 세무조사가 나오면 경우에 따라 차용증 원본을 요구받기도 한다. 이는 해당 문서가 언제 작성되었는지를 알기 위해서다.

서울지방국세청 과학조사팀에서는 '포렌식 조사'를 실시하기도 하는데, 해당 조사를 통해서 문서 작성 시기를 예측할 수 있다. 만약 차용시기는 3년 전인데, 차용증이 최근 작성된 것으로 감정이 이루어진다면 차용이 아닌 증여로 취급될 가능성이 더 높아진다. 따라서, 차용증은 그때그때 작성해 놓는 게 좋다.

감정의 범위(국세청 감정사무처리규정 제5조)

감정업무의 범위는 다음 각 호와 같다.
1. 필적, 지문, 인영의 동일성 여부
2. 납세증명표지, 유가증권 등의 위조 및 변조 여부
3. 요철 문자(필흔, 타자흔 등)의 현출(現出:겉으로 드러냄)
4. 지워진 문자, 인영, 스탬프 등의 현출
5. 필기구 잉크의 동일 종류 여부 및 작성 시기
6. 작성 선후 시기 여부 등 기타 감정

2 차용증, 어떻게 써야 안전할까?
상환 계획, 공증, 조사 대비 팁

안전한 차용증이란 무엇일까?

바로 증여가 아닌, 차용으로 인정받는 것이다. 많은 분들이 얼마까지 차용이 가능한지 묻는다. 최대한 증여세를 내고 싶지 않아서일 것이다. 차용으로 인정받을 수 있는 기준 금액은 따로 없다.

개인적인 생각을 덧붙이자면, 돈을 빌린 사람이 매월 원금과 이자를 상환할 능력, 즉 가용소득에 따라 차용으로 인정받을 수 있는 기준 금액은 다르다고 생각한다. 이것도 극히 나의 개인적인 생각인데, 주변에서 흔히 봤던 사례이다.

매월 350만 원의 소득이 있는 30대 중반의 남성이 있다. 카드 및 관리비 등을 지출하고, 매월 200만 원의 가용소득이 있는 이 남성이 부모님으로부터 2억 원을 빌렸다고 가정해보자.

매월 200만 원씩 원금을 상환해 나간다면, 원금 기준 전액 상환을 위해서 100개월, 즉 8년 4개월이 소요된다. 이럴 경우, 차용증에 차용기간을 '8년 4개월'로 표기해야 할까? 아니다. 가족 간의 차용증에서 차용기간이 너무 길면 세무서가 증여로 볼 여지가 있다. 만약에 중간에 부동산을 팔아서 갚을 여지가 있다면, 그 기간이 3년 정도라면 차용기간을 3년으로 적어야 한다. 그리고 '중간에 부동산이 매각된다면 우선적으로 상환'하는 조항을 기재해야 한다. 하지만 부동산을 매각하고도 갚지 않는다면 증여로 볼 수도 있다.

그렇다면, 돈을 빌려준 이후에는 어떻게 해야 할까?

부모님의 계좌에 매월 원금이나 이자를 반드시 이체해야 하며, 자녀로부터 받은 그 돈을 현금으로 출금한다면 자녀에게 돈을 되돌려준 것으로 오해받을 수 있다.

차용증을 내용증명으로 우편발송하는 경우도 있고, 심지어는 공증을 받아 놓는 경우도 있다. 이런 행동은 비록 형식적이기는 하지만 과세관청*에 신뢰감을 높일 수 있는 노력이라고 생각한다.

> **과세관청:** 세금을 부과·징수하거나 세무조사를 집행하는 국가기관으로 세무서, 국세청, 지방자치단체의 세무 부서 등이 해당된다.

이렇게 안전하게 차용증을 작성해도 조사가 나올 수 있다. (조사 사례)

아무리 차용증을 안전하게 작성해도, 경우에 따라 조사가 나올 수 있다.

2024년 서울 모 세무서에서 6억 원가량의 주택을 구매한 30대 중반의 여성이 세무조사 통지서를 받았다. 2억 원의 차용증을 작성했고, 원금을 꾸준히 상환하고 있었다. 조사 대상자의 통장을 세무서에서 금융 조사했지만, 특별한 문제점은 없었다. 부모·자식 간 차용증을 작성하면, 조사받을 확률이 조금은 올라간다.

물론 세무서에서 다 조사할 수는 없겠지만, 반드시 조사를 받지 않아야 할 이유가 있으신 납세자는 가급적 부모-자녀 간 차용증을 작성하지 않을 것을 권장한다.

# 3 무이자 대출, 얼마까지 괜찮을까?
한도 계산법과 주의사항

"이자를 반드시 줘야 하나요?"

가족끼리 차용증을 작성하는 이유 중 하나는 은행에 내야 하는 이자가 아까워서이다. 그런 의미에서 대부분의 부모님들은 자녀로부터 이자를 최대한 안 받고 싶어 한다.

그러면 어느 경우에 이자를 받지 않아도 될까? 원금이 2억 1,700만 원 이하인 경우, 이자를 받지 않아도 증여 문제가 생기지 않는다. 그러나 이자를 주지 않는다면, 그만큼 원금은 더욱 꾸준히 상환해야 한다.

이 2억 1,700만 원 한도는 국세청에서 정한 이자율을 기준으로 계산된다. 즉, '무이자 혜택에 해당하는 이자금액'이 연간 1천만 원 이하일 때만 증여세 과세에서 제외된다. 그렇게 계산하면 이자율이 4.6%이므로, 1천만 원÷0.046 = 약 2억 1,739만 원까지가 무이자 허용 범위다. 이자율이 변하면 허용 원금도 바뀌므로 매년 기준을 확인해야 한다. 한도를 초과하면 초과분만이 아니라 이자 전액이 증여로 간주되어 과세되며, 대출 기간이 길수록 누적 증여액이 커질 수 있으니 반드시 계산 후 실행해야 한다.

반대로 이자를 준다 해도 복잡한 문제가 생길 수 있다. 이자를 지급하는 자가 비영업대금의 이익에 대한 원천징수를 해서 25%는 소득세를, 2.5%는 지방소득세를 내야 한다. 번거롭기도 하고, 부담도 된다. 27.5%의 소득세는 경우에 따라 증여세보다 더 큰 금액이 될 수 있다.

또한, 금융소득이 2천만 원을 초과할 경우 종합과세 대상이 되어, 최대 49.5%의 소득세율이 적용될 수 있다. 이럴 경우에는 차라리 이자를 주고받지 않고, 증여세를 내는 것이 유리할 수도 있으므로, 사전에 충분히 검토 후 결정하는 것이 좋다.

금전 무상대출 등에 따른 이익의 증여(상증법 제41조의 4조)

① 타인으로부터 금전을 무상으로 또는 적정 이자율(4.6%)보다 낮은 이자율로 대출받은 경우에는 그 금전을 대출받은 날에 다음 각 호의 구분에 따른 금액을 그 금전을 대출받은 자의 증여재산가액으로 한다. 다만, 다음 각 호의 구분에 따른 금액이 대통령령으로 정하는 **기준금액(1천만 원) 미만**인 경우는 제외한다.
- 무상으로 대출받은 경우: 대출금액에 적정 이자율을 곱하여 계산한 금액
- 적정 이자율보다 낮은 이자율로 대출받은 경우: 대출금액에 적정 이자율을 곱하여 계산한 금액에서 실제 지급한 이자 상당액을 뺀 금액

② 제1항을 적용할 때 대출기간이 정해지지 아니한 경우에는 그 대출기간을 1년으로 보고, 대출기간이 1년 이상인 경우에는 1년이 되는 날의 다음 날에 매년 새로 대출받은 것으로 보아 해당 증여재산가액을 계산한다.

2억 1,700만 원이란 숫자는 어디서 나왔을까?

1천만 원 ÷ 4.6% = 217,391,304원
217,000,000 × 4.6% = 9,982,000원
즉, 2억 1,700만 원을 무상으로 빌려주면 그 연이자가 1천만 원 이하이니, 증여세 문제가 생기지 않는 것이다.

4 며느리·사위에게 나눠 빌려주면 세금이 줄까?
부부별 차용, 증여세 분리 계산

"2억 1,700만 원이 넘네요? 그럼 부모님께 이자를 반드시 드려야겠네요?"

실제 상담을 하다 보면, 많은 분들이 여러 가지 이유로 2억 원짜리 차용증을 많이 작성한다. 이유는 부모님께 이자를 안 드려도 문제가 되지 않는 금액에 맞추기 위해서이다.

그런데, 또 어떤 분은 아들과 며느리 두 명에게 나누어 2억 원씩 빌려주는 경우도 있다. 증여세는 수증인(증여를 받는 사람)별로 계산되기 때문에, 아들과 며느리 각각에게 2억 원씩 증여해 준다고 해도 그 합으로 계산하지 않는다.

다만 부부별로 차용증을 별도로 작성한다고 하더라도 그 금액이 결국 한 사람에게 귀속이 된다면 실질과세를 적용하여 결국 한 사람이 4억 원을 빌린 것으로 볼 수도 있다. 부부가 각각 차용증을 작성하는 행위는 과세관청의 관심을 받을 수밖에 없으며, 그에 따른 더 높은 주의의무가 필요하다고 할 수 있다.

특히 가족 간 거래에서는 금액, 이자율, 상환 계획을 모두 명확히 문서로 남겨야 하고, 실제 입출금 내역도 계약 내용과 일치해야 한다.

문제는 그 다음이다. 각자 명의로 빌린 돈이라면, 실제로도 각자의 소득으로 상환이 이뤄져야 한다. 세무서는 해당 부부가 진짜로 자기 소득에서 원금을 갚아 나가는지 꼼꼼히 살필 것이며, 조사대상이 될 가능성이 높아질 것으로 보인다.

집행기준(41의 4-0-1) 금전무상대출 등에 따른 이익의 증여

구분	내용
과세요건	① 타인으로부터 1년내 증여이익이 1천만원 이상이 되는 금전을 대출받을 것 ② 대출조건이 무상 혹은 적정이자율보다 낮은 이자율일 것 　→ 적정이자율: 기획재정부장관이 고시
납세의무자	금전을 대출받은 자
증여시기	금전 대출일
증여세 과세가액	① 무상 금전대출: 증여재산가액 = 대출금액 × 적정이자율 ② 적정이자율 미만의 금전대부: 　증여재산가액 = 대출금액 × 적정이자율 - 실제 지급한 이자상당액
특수관계인이 아닌 자간의 거래	특수관계인이 아닌 자간의 거래로서 거래의 관행상 정당한 사유가 있다고 인정되는 경우에는 적용 제외

5 내 아이가 내 집에서 공짜로 살아도 괜찮을까?
무상임대 한도와 증여 기준

"제 아이가 제 집에 사는데, 임대료를 얼마나 받아야 하나요?"

증여세가 무서워서 임대료를 받아야 할 듯한데, 도대체 얼마나 받아야 하는지 물어보는 분들이 있다. 사실 주택의 경우, 자녀에게 임대료를 받지 않아도 되는 금액의 범위가 있다. 자녀에게 공짜로 돈을 빌려줘도 되는 한도가 있듯이 부모님 소유의 집을 자녀가 무상으로 거주할 수 있는 기준선이 존재하는 것이다.

결론부터 말하자면, 그 부동산 가액 기준으로 약 13억 원이다. 즉, 부동산 무상임대 개시일의 평가액이 13억 원을 넘는지 여부로 판단하며, 이를 초과하면 최소 1억 원을 증여로 본다.

반대로 집값이 13억 원 미만이라면 무상 사용이더라도 증여세 과세 대상이 아니다. "13억 원이 넘는 집을 5년이 아닌 단기로 하면 괜찮지 않나요?" 이렇게 물어보시는 분이 있다. 그러나 과세관청은 일단 5년을 기준으로 증여가액을 계산하고 1억 원이 넘는 경우 과세한다.

물론, 5년이 되기 전에 임대료를 내는 걸로 바꾸거나 다른 집으로 이사를 간다면 이미 낸 증여세를 경정청구 할 수는 있다.

설령 부동산 평가액이 13억 원을 넘는다고 하더라도 너무 걱정할 필요는 없다. 13억 원이 살짝 넘는 집을 5년 무상임대했을 때의 증여재산가액이 약 1억 원 정도이니, 밤잠을 설칠 정도는 아닌 듯 하다.

다만, 이 기준과 계산 방식은 숙지해 놓는 것이 좋다.

부동산 무상사용에 따른 이익의 증여(상증법 제37조)

① 타인의 부동산(그 부동산 소유자와 함께 거주하는 주택과 그에 딸린 토지는 제외한다. 이하 이 조에서 같다)을 무상으로 사용함에 따라 이익을 얻은 경우에는 그 무상 사용을 개시한 날을 증여일로 하여 그 이익에 상당하는 금액을 부동산 무상 사용자의 증여재산가액으로 한다. 다만, 그 이익에 상당하는 금액이 대통령령으로 정하는 기준금액(5년간 1억 원) 미만인 경우는 과세 대상에서 제외된다.

즉, 부동산 무상사용이익이 1억 원 이상이어야 한다.

$$부동산\ 무상\ 사용이익 = \sum_{n=1}^{5} \frac{각\ 연도의\ 부동산\ 무상\ 사용이익^*}{(1+10\%)^n}$$

n : 평가기준일로부터 경과연수

▶ 각 연도의 부동산 무상사용이익 : 부동산가액 × 1년간 부동산사용료를 감안한 기획재정부령이 정하는 율(2%)

각 연도 임대개시 당시 얼마까지 무상임대 증여문제가 안 생기나?

위 계산식에 따라 계산 시 1,318,986,280원이 넘으면 증여문제가 생긴다.

6 부모님께 빌린 돈, 언제까지 갚아야 할까?
부채 사후관리 실전 조언

"부모님으로부터 빌린 돈은 언제 상환해야 할까요?"

자금조달계획서 상담을 하다 보면 많은 분들이 마지막에 묻는 질문이다.

그에 대한 대답은 간단하다.

"신고된 소득이나 증여가 있으시다면, 언제든 갚으셔도 됩니다."

그런데, 생각해보면 신고된 소득이나 증여가 있었다면 애초에 부모님으로부터 차용을 하지도 않았을 것이다. 결국 현실에서는 '언제든' 갚는 것이 그리 간단한 문제가 아니다.

부채 사후관리는 단순히 갚는 시점만의 문제가 아니라, 상환 과정 전체를 입증할 수 있어야 한다. 세무당국은 차용증 작성일 이후 일정 주기로 원금과 이자를 상환했는지, 상환자금의 출처가 본인의 소득이나 합법적인 자금인지 꼼꼼히 확인한다. 고액 부채를 장기간 갚지 않으면, 형식만 빌린 '가짜 부채'로 의심받아 전액 증여로 과세될 수 있다. 특히 상환 기일이 임박했는데도 반복 연장하거나, 이자만 소액 지급하는 경우도 위험 신호로 본다. 따라서 실제로 갚을 수 있는 금액과 기간을 현실적으로 설정하고, 상환 내역을 통장거래내역·이체메모·영수증 등으로 체계적으로 남기는 것이 안전하다.

"어떤 경우에 부채 사후관리를 하나요?"

세무서에서 부채를 인정해주거나 부동산 취득자금으로 소명할 때 한다.

"부채 사후관리는 언제까지 해요?"

이 질문을 두고 친한 후배와 얘기를 함께 나눈 적이 있는데, 서로 마주 보며 웃으며 이렇게 말했다. "갚을 때까지?"

> **부채의 사후관리(상속세 및 증여세 사무처리규정 제54조)**
> ① 지방국세청장 또는 세무서장은 다음 각 호의 어느 하나에 해당하는 경우 해당 납세자의 채무정보를 NTIS(엔티스)에 입력하여야 한다.
>   1. 상속세 및 증여세의 결정 등에서 인정된 채무
>   2. 자금출처조사 과정에서 재산취득자금으로 인정된 채무
>   3. 재산 취득에 사용된 채무 내역서로 제출된 채무
>   4. 기타 유사한 사유로 사후관리가 필요한 채무
> ② 지방국세청장 또는 세무서장은 상환기간이 경과한 채무에 대하여 사후관리 점검을 실시하여야 한다.

CHAPTER 03

가족법인에게 무이자로 돈 빌려주기

1 가족법인에게 무이자로 돈 빌려줘도 괜찮을까?
가족법인의 장점과 한계

"가족법인이 좋다고 하던데요."
"가족법인을 만들어서 아이들을 주주로 넣으면 유리하다고 들었어요."
"법인은 개인보다 세율이 낮아서 절세에 효과적이라던데요."

세무사가 된 이후로, 이런 이야기는 백 번도 넘게 들은 것 같다. 사실, 이런 장점들은 가족법인의 '표면적 이익'에 불과하다.

진짜 강점은 무이자 대여 한도가 크다는 점이다. 개인 간에는 최대 2억 1,700만 원까지만 무상 대여가 가능하지만, 법인에는 무려 21억 7천만 원까지 가능하다. 즉, 아이들이나 가족으로 구성된 가족법인을 만들어, 그 법인에 가족 한 명 또는 그 이상의 사람이 자금을 무상으로 빌려줄 수 있는 구조가 만들어진다. 물론, '증여'가 아닌 '대여'이기 때문에 소액이라도 상환해 나가는 것이 좋고, 결국 언젠가는 반드시 갚아야 할 돈이기는 하다.

다만 법인에 돈을 빌려주는 순간, 그 법인의 자금 사용처까지 세무 리스크 관리가 필요하다. 법인이 빌린 돈으로 주주 개인의 이익을 위해 지출하면 '가지급금'이나 '업무무관자산'으로 간주되어 법인세 등 부담이 커질 수 있다. 또한 가족법인은 주주 구성이 단순하고 거래가 폐쇄적이어서 세무당국의 '사적 유용' 검증 대상이 되기 쉽다. 또한 법인 설립·운영에는 설립비, 회계·세무관리 비용 등이 발생하므로, 단순히 무이자 대여 한도만 보고 결정하는 것은 위험하다. 결국 장점과 한계를 모두 이해한 뒤, 운영계획과 자금흐름을 투명하게 설계하는 것이 핵심이다.

나는 이런 가족법인의 장점에 대해서 공감하면서도, 항상 이렇게 말씀드린다.
"가족법인의 단점도 알고 접근해야 합니다. 또한 취득세에 유의해야 합니다."

가족법인 장단점 비교

구분	법인	개인
세율	낮음	높음
건강보험료	낮음	높음
무상대여 가능 금액	21억 7천만 원 (1인 주주 가정)	2억 1,700만 원
취득세	높음(중과세 유의)	낮음
법인에서 인출 시	결국은 세금을 낸다	수시로 인출 가능

특정 법인과의 거래를 통한 이익의 증여(상속세 및 증여세법 제45조의5)

'각 주주별' 증여 이익이 1억 원 이상인 경우에 한하여 과세되며, 통상 주주가 1명인 경우 기준, 무상으로 금전대여한 금액이 (이자율 4.6% 적용) 21억 7천만 원 이상인 경우에야 해당됨.

2 가족법인에서 돈을 빼면 횡령일까?
합법적인 인출 방법

"가족법인에서 돈을 빼면 횡령이라고 하던데요. 그래서 저는 15년간 개인으로 사업을 해왔어요."

어느 날 밤, 한 여성 사업가로부터 사무실로 전화가 걸려왔다.

15년간 개인사업자로 사업을 운영해왔고, 현재 건강보험료를 매월 수 백만 원이나 내고 있다고 했다. 연간 신고소득금액이 5억 원이 넘었고, 그에 따른 소득세도 약 2억 원 정도 내는 분이었다.

최근 유튜브를 통해 법인을 이용하면 낮은 세율을 적용받을 수 있다는 이야기를 접하고, 주변에 법인 전환을 고려 중이라고 말을 했는데 '법인에서 자금을 인출하면, 횡령죄가 성립된다'는 얘기를 듣고 걱정이 생겼다고 했다.

이분은 배우자도, 자녀도 없는 1인 사업가로, 당장 큰 금액의 생활비가 필요한 상황도 아니었다.

이런 경우 소득이 많은 시기에는 법인으로 사업을 전환해 본인은 적정 수준의 급여를 받으면서 잉여금을 쌓는 방법으로 개인의 소득세 부담을 낮출 수 있다. 이는 법인세율이 개인소득세율보다 낮기 때문이다.

이후 장기적으로 사업을 영위할 계획이라면, 해당 법인에서 꾸준히 급여를 받고, 추후 목돈이 필요할 때 배당을 통해 자금을 인출할 수도 있다.

건물을 취득한다고 하더라도, 법인 명의로 투자할 수 있기 때문에 자산 축적도 가능하다.

급여, 상여, 배당 등 정상적인 방법으로 법인 자금을 출금하는 방법이 있기 때문에 횡령죄를 피할 수 있다.

> **횡령, 배임(형법 제355조)**
> ① 타인의 재물을 보관하는 자가 그 재물을 횡령하거나 그 반환을 거부한 때에는 5년 이하의 징역 또는 1,500만 원 이하의 벌금에 처한다.
> ② 타인의 사무를 처리하는 자가 그 임무에 위배하는 행위로써 재산상의 이익을 취득하거나 제삼자로 하여금 이를 취득하게 하여 본인에게 손해를 가한 때에도 전항의 형과 같다.
>
> **업무상의 횡령과 배임(형법 제356조)**
> 업무상의 임무에 위배하여 제355조의 죄를 범한 자는 10년 이하의 징역 또는 3천만 원 이하의 벌금에 처한다.

3 법인 설립, 어떻게 해야 할까?
설립 절차와 준비 체크리스트

"법인 설립, 그건 어떻게 하는 겁니까?"

세무서에서 근무할 당시, 법무사 공부를 6개월 정도 한 적이 있다. 세무사라는 직업이 법무사와 업무영역이 겹쳐서, 납세자들에게 원스톱 서비스를 해주고 싶은 마음에서였다.

그러나 지금 생각해 보면, 세무사라는 직업 하나도 제대로 해내기 벅찬 현실이다. 그때 했던 민법 공부 덕분에 세무사 외에도 공인중개사 자격증을 취득할 수 있었다.

세무사로 일하다 보면 법인 설립을 문의하시는 분들이 많은데, 그 업무는 법무사의 영역이다. 그럼에도 이 책을 읽는 독자들을 위해, 친한 법무사님한테 등너머로 배운 법인 설립 시 고려사항과 꼭 알아야 할 절차를 공유해 보고자 한다.

법인 설립을 준비할 때는 먼저 사업 목적과 정관을 구체적으로 작성해야 한다. 사업 목적은 향후 사업 확장이나 변경 가능성을 고려해 폭넓게 설정하는 것이 좋다. 그 다음 상호를 결정하고, 상호 중복 여부를 상업등기소에서 확인한다. 자본금 규모와 주주 구성을 정한 뒤, 발기인 총회를 통해 설립 절차를 확정한다. 필요 서류로는 정관 등이 있으며, 설립 등기 후에는 사업자등록 신청과 4대보험, 세무신고 준비까지 이어져야 한다. 특히 초기 자본금 입금 내역과 주주별 지분 비율은 향후 세무상 중요한 이슈이므로 세무사와 미리 상담하는 것이 좋다.

법인 설립 시 고려사항

아래 내용을 결정하면 법무사님이 정관 등을 작성해서 등기를 진행한다.

① 상호를 무엇으로 할 것인가?
② 사업장(본점)을 어디로 할 것인가?
  - 창업감면 대상이라면, 수도권 과밀억제권역 외의 지역을 고려한다.
  - 집에서 할 수 있는 업종인가? (사업자등록 시 문제가 생길 수도 있다.)
  - 임대차계약서 준비
③ 사업목적을 무엇으로 할 것인가?
④ 자본금, 액면가액*, 발행 주식 총수, 발행할 주식 총수
⑤ 이사, 감사는 누가 할 것인가?
⑥ 주주는 누가 할 것이며, 지분율은 어떻게 할 것인가?
  - 주주가 미성년자라면 해당 금액에 대한 자금출처 고려
⑦ 주금 실제 납입 여부 확인 (예금잔액증명서 제출)
⑧ 기존 개인사업장이 있다면 법인으로 전환할 것인가?

법인 설립 절차

① 위 사항을 정하여, 법무사에게 의뢰한다.
② 법인 등기절차가 완료되면, 세무서에 사업자등록을 신청한다.
  - 업종 특성상 등록증, 허가증이 필요할 수도 있다.
  - 정관, 주주명부, 임대차계약서, 등록증, 인감도장, 본인 신분증 지참
③ 은행에서 통장개설, 신용카드, 신용카드 가맹점 등 신청
④ 전자세금계산서 발행용 공인인증서 발행 또는 세무서에서 보안카드 발행

---

* 실제 거래되는 가격(시장가격·시가)이 아닌, 증권·어음·주식·채권 등 종이에 적혀 있는 공식적인 금액.

4 법인 대표 급여와 4대 보험은 어떻게 해야 할까?
최소 급여와 보험 관리

"회사를 설립하면, 법인 대표에게 급여를 꼭 줘야 하나요?"

법인 대표는 근로자가 아니기 때문에 최저임금 적용 대상은 아니다. 하지만 급여를 전혀 지급하지 않으면, 건강보험 자격이 지역가입자로 전환될 수 있다. 이렇게 되면 더 큰 보험료 부담이 생길 수 있다. 따라서, 법인의 자금 사정이 넉넉하지 않아서 급여를 책정하지 않는다 하더라도, 대표에게 최소한의 급여를 지급하여 '직장보험 가입자'를 유지하는 것이 좋다.

급여를 지급하면 국민연금, 고용보험, 산재보험까지 4대 보험 의무 가입 대상이 되는데, 이는 대표 개인의 사회보험 이력을 쌓는 장점도 있다. 특히 국민연금은 납부 기간이 길어질수록 향후 수령액이 늘어나기 때문에 장기적으로 유리하다. 또한 법인의 대표 급여는 법인 비용으로 처리되어 법인세 절감 효과를 얻을 수 있으므로, 세무상·사회보험상 이점을 모두 고려해 적정한 금액을 설정하는 것이 바람직하다.

급여 금액은 법인의 매출 규모, 이익 수준, 대표의 생활비 수요를 종합적으로 고려해서 정하는 것이 좋다. 필요 이상으로 높은 급여를 책정하면 건강보험료 부담이 커질 수 있으니, 절세 효과와 보험료 부담 사이에서 균형을 맞춰야 한다.

아울러, 4대 보험 중 고용보험과 산재보험은 법인 대표가 의무 가입 대상이 아니므로, 불필요한 보험료를 줄이면서도 핵심 보험 자격은 유지할 수 있다.

참고로, 나 역시 법인 대표자로 새 인생을 시작한 지도 벌써 만 2년째다. 대표의 마음을 누가 알겠는가? 대표라는 자리는 외롭고 책임이 무겁다. 그래도 건강보험료만큼은 꼭 챙기시길 바란다.

법인 대표 급여 및 4대 보험

① 법인 대표는 급여를 반드시 받지 않아도 된다.
② 지역의료보험에 편입되지 않기 위해서는 최소한의 급여를 책정한다.
③ 법인 대표는 국민연금, 건강보험은 가입해야 하지만, 고용보험과 산재보험은 가입하지 않는다. 그만큼 4대 보험 비용이 줄어든다.

5 가족법인으로 부동산 살 때 유의할 점
주택 취득세, 상가 취득세

"염 세무사, 2년 전에 법인 명의로 취득한 건물의 추가 취득세가 5억 원이나 나왔어."

세무사를 시작하기 전에는 취득세가 이렇게 무서운 세금인 줄은 미처 몰랐다. 법인은 여러모로 장점이 있지만, 그만큼 조심해야 할 부분도 있다. 그것은 바로 '법인의 부동산 취득세 중과'이다. 예를 들어 법인이 주택을 취득한다면 취득세율이 국민주택규모 초과 기준 13.4%이다. 정상적인 주택 취득세율이 3.5%라고 가정하면, 무려 9.9%의 취득세율을 더 내야 한다.

주택이 아닌 상가 또는 오피스텔이라면 어떨까?

수도권 과밀억제권역 내에서 설립된 지 5년이 채 되지 않은 법인이 부동산을 취득했다면 9.4%의 취득세율을 부담해야 한다. 이를 피하려고 수도권 과밀억제권역 밖에 실제로 존재하지 않는 법인(위장본점)을 설립했다가는, 예고 없이 공무원의 지도점검을 받게 된다.

또한 수도권 내에서 설립한 지 5년이 지난 법인을 인수한 뒤 부동산을 취득한다면, 해당 법인이 휴면법인에 해당되어 소명요구를 받고, 결국 마지막에는 가산세를 포함한 취득세 추가세액을 내야 할 수도 있다.

게다가 법인이 주택을 보유하면 종합부동산세 부담이 개인에 비해서 매우 높으며, 법인이 주택이나 특정부동산을 양도 시에는 일반 법인세에 추가 법인세가 과세될 수 있다. 따라서, 법인 명의로 부동산을 취득하는 순간 개인과는 달리 취득세,

보유세, 양도에 따른 법인세 부담이 오히려 더 커질 수 있다.

즉, 법인세율과 개인소득세율의 단순비교가 아니라 취득부터 양도까지의 전 과정을 이해하고 세금 시뮬레이션이 선행되어야 할 것이다.

법인의 주택 취득 등 중과(지방세법 제13조의2)

① 주택을 유상거래를 원인으로 취득하는 경우로서 다음 각 호의 어느 하나에 해당하는 경우에는 다음 각 호에 따른 세율을 적용한다.
1. 법인이 주택을 취득하는 경우: 12%

과밀억제권역 안 취득 등 중과(지방세법 제13조)

① 대도시 (과밀억제권역에서 산업단지를 제외한 지역)에 법인을 설립, 지점을 설치하거나 본점이나 지점을 전입하기 위해 사업용 부동산을 취득하는 경우 취득세가 8% 중과된다.
② 대도시 내에서 법인을 설립, 설치, 전입 이후 5년 이내에 부동산을 취득하는 경우(사업용, 비사업용 모두)에는 취득세가 8% 중과된다.

⑥ 취득세 중과 조사, 어떻게 대비해야 할까?
본점·사무실 실체 증빙 준비

"과밀억제권역 밖에 실제로 본점을 설립한 뒤, 서울에 임대건물을 매수하거나 건설하는 법인인데요. 오해받고 싶지 않아요."

요즘 워낙 '위장 본점'이 많다 보니, 실제로 본점을 과밀억제권역 밖에 설립했더라도 세무서나 조사기관으로부터 괜한 의심을 받을까봐 걱정하는 분들이 많다. 그럼 나는 다음과 같은 질문을 한다.

① 간판이 있는가?
   ⇨ 간판이 없다면, 실제 본점이라 보기 어렵다.
② 임차한 별도의 사무실이 있는가?
   ⇨ 남의 사무실을 일부 임차했다면 '가짜 본점'으로 의심받기 딱 좋다.
③ 직원이 있는가?
   ⇨ 4대 보험 신고된 직원이 있고, 실제 근무한다면 큰 신뢰를 얻을 수 있다.
④ 법인카드 사용내역이 해당 지역에 있는가?
   ⇨ 법인이 존재한다면 근처에서 사용한 카드 사용내역이 있어야 한다.
⑤ 우편물은 본점에서 수령하는가?
   ⇨ 직원이 있고 법인이 존재한다면, 본점 수령은 당연하다.
⑥ 대표가 본점으로 출근한 내역이 있는가?
   ⇨ 하이패스, 교통카드 기록 등으로 확인할 수 있다.

⑦ 세금계산서 등 발행한 IP가 어디인가?
　⇨ 직원이 해당 지역에서 근무하고 있다면, IP 역시 그곳이어야 한다.
⑧ 기타 본점이 실제로 존재함을 입증할 수 있는 자료가 있는가?
　⇨ CCTV, 입주사 관리 명부, 사무실 사진 등 가능한 모든 근거를 남겨 두는 것이 좋다.

괜한 오해라면, 그 오해를 풀 준비도 '경영의 일부분'이라고 생각해야 한다.

특히 취득세 중과 조사에서는 단순한 명목상의 주소지보다 '실제 운영 실체'가 있는지를 집중적으로 본다. 따라서 계약서, 임대차보증금 영수증, 전기·수도 사용량, 회의록 등 생활·업무 흔적이 담긴 자료를 꼼꼼히 확보해 두어야 한다.

조사관은 짧은 시간 안에 결론을 내려야 하기 때문에, 현장에서 바로 제시할 수 있는 '증빙 패키지'를 미리 준비해 두면 효과적이다. 또한, 해당 지역 거래처와의 계약 내역, 납품 기록, 회계장부 등 실제 영업 활동을 보여주는 자료가 있으면 신뢰도가 급격히 높아진다. 만약 직원이 재택·원격 근무를 병행한다면, 그 사유와 근거를 명확히 남겨 두어야 위장 본점 의심을 피할 수 있다.

CHAPTER

04

세금 없이 자녀에게 부동산 주는 법

부동산을 주는 게 유리할까? 현금을 주는 게 유리할까?
상황별 세금 비교

"세무사님, 제 아이에게 재산을 좀 넘겨주고 싶은데요."

보통 부모님들의 세무 상담은 이렇게 시작된다. 시작부터 끝까지 자식 사랑이 느껴진다. 그러나 어느 방식이 더 유리할지는 각자의 재산 규모와 상황에 따라 다르다. 세금보다 해당 부동산의 입지와 미래 가격 상승 가능성이 더 중요하다. 부동산을 준다 해도, 타이밍도 중요하다.

재산이 많은 경우에는 한 번에 상속하기보다 가액이 낮을 때 나눠서 미리 증여하는 것이 좋고, 재산이 많지 않다면 상속공제를 활용하는 것이 좋다.

그런데, 세금적 측면에서만 묻는다면 정확한 계산이 필요하다.

① 현재 부모님 소유 시의 재산세 및 종합부동산세 부담
② 부모님의 부동산을 팔았을 때의 양도세
③ 자녀에게 부동산을 증여할 경우 적용되는 취득세 중과 여부
④ 자녀가 부동산을 증여받을 때의 자녀의 증여세 부담액
⑤ 자녀에게 현금을 증여할 경우 자녀의 증여세 부담액
⑥ 자녀가 해당 부동산을 취득할 당시 독립세대 가능 여부 및 추후 예상 양도세

또한 부동산을 증여하면 취득세 부담과 등기 이전 절차가 필연적으로 발생하지만, 현금 증여는 취득세가 없고 사용처에 따라 유연하게 운용할 수 있다. 다만 편법

으로 현금증여 후 자녀가 부동산을 구입하면 자금출처조사 대상으로 선정되어 결국에는 더 큰 증여세를 부담할 수 있다. 결국 '무엇을 줄지'도 중요하지만 '언제, 어떤 순서로 줄지'도 또한 절세 효과를 좌우한다.

부동산 증여 시와 현금 증여 시 세금 비교

구분	부동산 증여 시 세금	현금 증여 시 세금
세금	(-) 부모님 재산세, 종부세 (+) 자녀 취득세 (중과) (+) 자녀 증여세 (부동산)	(+) 부모의 양도세 (-) 부모님 재산세, 종부세 (+) 자녀 증여세 (현금)

② 시가보다 30% 싸게 넘겨도 될까?
저가양도의 합법 한도

"저가양도라는 방법이 있다고 하던데요."

내가 국세청에서 근무하던 2023년까지만 해도, 저가양도는 '아는 사람만 아는 절세 방법'이었다. 하지만 지금은 세금에 관심 있는 사람이라면 '알 만한 사람은 다 아는 방법'이 되었다.

양도인과 양수인의 관계가 특수관계인*이라면 시가의 30%와 3억 원 중 적은 금액까지는 시가보다 싸게 거래해도 싸게 산 부분에 대한 증여세를 부담하지 않아도 된다.

> **특수관계인:** 상증법 제2조, 배우자, 4촌의 혈족, 3촌의 인척 등

이 부분을 활용해서 부모님이 자녀에게 시가 10억 원의 부동산을 양도할 때 설령 7억 원에 양도해도, 그 차액 3억 원에 대한 증여세를 자녀가 부담하지 않아도 된다. 부모님이 자녀에게 증여세 없이 3억 원을 준 것과 동일한 효과이다.

특수관계인 간 시가보다 더 싸게 부동산을 거래하게 되면 관할 지방자치단체 및 세무서에서 좀 더 엄격하게 거래의 적정성 여부를 검토한다.

이럴 때 많은 분들이 내게 묻는다.

"저가양도, 해도 괜찮은 건가요?"

나는 이렇게 답한다.

"혹시 세무조사를 받게 되더라도, 다른 문제점이 없다면 괜찮습니다."

지방자치단체나 세무공무원들이 이러한 저가 거래를 달가워하지 않는 건 사실이

다. 하지만 이 방법은 법에 근거한 합법적인 방법이므로, 저가양도 그 자체를 문제 삼을 수는 없다. 다만, 다른 혐의사항을 확인하기 위해서 조사를 실시할 수는 있다.

따라서, 다른 문제점이 많은 분이라면 저가양도를 권장하고 싶지는 않다.

저가양수 또는 고가양도에 따른 이익의 증여(상증법 제35조)

1. 특수관계인 간의 증여세 과세

구분	수증자	과세요건	증여재산가액
저가양수	양수자	(시가 - 대가) ≥ min (시가30%, 3억 원)	(시가 - 대가) - min (시가30%, 3억 원)
고가양도	양도자	(대가 - 시가) ≥ min (시가30%, 3억 원)	(대가 - 시가) - min (시가30%, 3억 원)

3 시가는 어떻게 정해지는 걸까?
감정 평가와 산정 기준

"부동산 가액을 얼마로 해야 하나요?"

부동산 중개업자가 아닌 내게 부동산 거래가액을 얼마로 해야 하냐고 물으시는 분들은 거의 저가양도를 하고자 하는 분들이다. 저가양도를 하고 싶은데 어느 정도까지 싸게 거래해도 되는지를 묻는 것이다. 결국, '기준을 얼마로 잡아야 하는지'가 궁금한 것이다.

부동산 거래가액 조회 사이트에서 평수별로 다양한 가격의 거래가 있으니, 그 중에서 어떤 가격을 기준으로 잡을지 결정하는 일은 쉽지 않은 일이다.

아래 평가의 원칙을 살펴보면 당해 재산에 대한 매매, 수용, 경매, 공매가격이 없다면, 다음 순서로 시가를 판단하게 된다.

① 당해 재산의 감정평가액의 평균액
② 유사 매매사례가액
③ 기준시가

따라서 감정평가를 받으면 그 가격이 시가가 되는 것이다.

여기서 많은 분들이 "감정평가액, 유사 매매사례가액, 기준시가 세 개 중에서 어떤 게 가장 낮아요?" 이렇게 물을 수 있다. 낮기는 기준시가가 가장 낮을 수 있다.

하지만 대부분의 아파트는 유사 매매사례가액이 존재하기 때문에, 실제로는 기준시가만으로 시가를 산정하기 어렵다.

게다가 정확한 유사 매매사례가액을 파악하기 쉽지 않다. 그래서 주변에 감정평가사에게 가급적 '낮은' 가격의 감정평가를 의뢰하는 분들이 많다.

이렇게 결정된 시가 산정이 부동산 저가 거래의 시작이다.

평가의 원칙(상증법 제60조 및 동법 시행령 제49조)

1. 다음의 금액을 시가로 본다.
    평가기간 이내의 기간 중 매매·감정·수용·경매 또는 공매가 있는 경우에 다음 어느 하나에 따라 확인되는 가액을 말한다.
    ① 해당 재산에 대한 매매사실이 있는 경우에는 그 거래가액
    ② 둘 이상의 감정평가액의 평균액 (기준시가 10억 원 이하인 경우 1군데)
      ▶ 일정한 감정평가액은 부인될 수 있음.
    ③ 수용, 경매, 공매가액

1-1. 평가기간 이내에 아래(①~③)의 계약체결 등이 이루어진 경우에 적용 가능하며, 시가로 보는 가액이 둘 이상인 경우에는 평가기준일을 전후하여 가장 가까운 날에 해당하는 가액을 적용한다.
    ①의 경우 매매계약일, ②의 경우 가격산정기준일과 감정가액평가서 작성일, ③의 경우 보상가액·경매가액 또는 공매가액이 결정된 날

2. 위 1에 해당하는 가액이 없는 경우
    동일단지 내, 기준시가와 면적이 모두 5% 이내인 유사매매사례가액을 적용한다.

4 대금지급은 어떻게 준비할까?
저가양도 시 실질과세 주의

"코인을 부모님으로부터 저가 매입하고 싶은데요. 가능한가요?"

저가 거래를 통해서, 부모님으로부터 법의 테두리 안에서 시가의 30% 또는 3억 원을 세금 없이 증여받는 효과를 얻기 위해, 저가 거래의 대상을 부동산에서 코인으로 돌리는 분이 있었다.

'이 질문에 어떻게 답해야 하나' 고민하다가, 이렇게 대답했다.

"저가양도의 대상이 부동산으로 한정되지 않지만, 실질과세를 적용해서 현금을 증여한 것으로 볼 가능성이 있습니다."

자녀에게 저가양도를 하시려는 분들 중, 자녀가 해당 부동산 대금을 여유있게 지급할 여력이 있는 분들은 거의 없다. 그럴 여유가 있었다면 저가양도를 하지도 않았을 것이다.

부동산 대금을 자녀가 부모님에게 지급할 그 돈이 없을 때, 내게 주로 물어보시는 질문들이 있다.

"부동산 양도대금을 제가 자녀에게 증여해도 될까요?"

예를 들어, 시가 10억 원짜리 부동산을 자녀에게 7억 원에 양도하고 싶은데, 자녀에게 가진 돈이 2억 원밖에 없다. 그런데 3억 원 저가양도를 활용하기 위해서 5억 원을 자녀에게 증여하고 그 돈으로 7억 원에 거래한다는 것이다.

"10억 원 주택을 2억 원에 저가양도 되나요?"

심지어는 5억 원을 증여하는 절차를 생략하고, 10억 원 주택을 자녀에게 2억 원에 양도한 뒤, '10억 원(시가) - 2억 원(실제 대가) - 3억원(저가양도 허용한도) = 5억 원 증여세 내도 되는 거 아니냐'는 식이다.

이런 질문들에 대해, 나는 지금까지 이렇게 대답한다.

"매매대금이 부족하다면, 은행 대출이나 타인으로부터 증여받는 것이 좋을 것 같습니다."

또한 대금 지급을 준비할 때는 반드시 감정평가를 통해 시가를 명확히 산정하는 것이 안전하다. 특히 감정평가를 받을 때는 거래일 전후 3개월 이내의 평가를 기준으로 하고, 기준시가 10억 원 이상인 경우 동일 조건의 두 개 이상의 감정평가서를 확보해야 한다.

대금 지급 자금의 출처 역시 계좌이체, 차용증, 증빙자료를 통해 명확히 해두어야 하며, 불분명한 자금 흐름은 불필요한 자금출처조사 등을 재촉할 수 있다.

실질과세 (국세기본법 제14조)

③ 제3자를 통한 간접적인 방법이나 둘 이상의 행위 또는 거래를 거치는 방법으로 이 법 또는 세법의 혜택을 부당하게 받기 위한 것으로 인정되는 경우에는 그 경제적 실질 내용에 따라 당사자가 직접 거래를 한 것으로 보거나 연속된 하나의 행위 또는 거래를 한 것으로 보아 이 법 또는 세법을 적용한다.

5 자녀에게 대금지급능력이 없을 땐 어떻게 해야 할까?
전세·대출 활용하기

"저희 집은 저가양도가 안 되겠네요. 우리 아이는 내게 줄 돈이 없어요."

서울에 10억 원짜리 아파트를 갖고 있는 부모님 한 분이 찾아오셨다. 다른 재산도 있고 해서 이 아파트를 자녀에게 저가양도를 하고 싶다고 하셨다.

"혹시 아드님이 어머니께 드릴 최소한의 대금, 7억 원 정도는 있으세요?"라고 질문드리니, 1억 원밖에 없다고 하시면서 쉽게 포기하셨다. 혹시나 해서 다시 물었다.

"그 집에 지금 누가 살고 있으세요?"

"우리 부부가 10년 이상 살고 있어요."

나는 그 순간 무릎을 '탁'치며 말했다. "잘됐네요. 전세 시세가 6억 원 정도 된다면, 7억 원 저가양도해도 1억 원만 자녀에게 받으면 되잖아요."

그렇게 얘기하니, 그 분은 걱정하시며 되묻는다.

"부모 자식 간에 전세계약서 써도 되나요?"

그래서 나는 다시 확인했다. 정말 부모님이 그 집에 실제 거주하고 계신지, 전세 시세가 6억 원이 맞는지, 그리고 아들도 그 집에 같이 사는 것은 아닌지. 모든 조건을 확인한 뒤 다시 말씀드렸다.

"부모 자식 간에도 전세계약서 쓸 수 있죠. 확정일자도 신청 하시고요."

이 사례에서 부모님은 1세대 1주택 비과세 규정을 적용받아 양도소득세를 한 푼도 내지 않고, 자녀는 시세보다 3억 원이나 낮은 7억 원에 부동산을 취득하게 된다. 그리고 실제로 필요한 돈은 1억 원 뿐이다.

단, 부모님에 대한 임대보증금 채무 6억 원은 언젠가는 갚아야 한다. 그런데 만약 부모님이 그 집에서 계속 살다가 돌아가신다면, 그 6억 원은 어떻게 될까? 그 금액은 부모님의 상속재산에 포함된다. 따라서 다른 상속재산 및 공제금액을 고려해서 상속세를 내야 할 수도 있다.

> **세무서는 아버지의 임차보증금 유무를 어떻게 알 수 있을까?**
>
> 예전에 세무서 근무 시 상속세 신고내용을 확인할 때 등기부상 소유재산 외에 피상속인의 임차보증금 유무에 대해서도 반드시 검토했다. 자녀 소유의 집에 살고 있다면 임차보증금이 없을 수도 있다.
>
> 그런데 만약 확정일자가 신청되어 있다면 그 금액을 확인할 수 있다. 만약 자녀의 부동산 취득 시 부모님의 임차보증금을 전산입력해 놓았다면 부채사후관리를 통해서도 세무서에서 확인가능하다.
>
> 부채사후관리에도 입력되지 않았다면 어떨까? 상속세 조사 시 피상속인과 상속인의 예금계좌에 대해서 최소 10년 이상의 기간에 대해서 금융조회를 하기 때문에 세무서에서는 결국 확인 가능하다.

저가양도보다 증여가 유리할 때도 있을까?
사례별 세금 비교

"전 그래도 꼭 저가양도를 하고 싶어요."

부모님의 전세보증금을 활용할 수도 없고, 자녀가 대출을 추가로 받을 여력도 없고, 자녀가 원래 갖고 있던 현금도 없는 상황이었다.

그런데도 불구하고, 막무가내로 저가양도를 원하셨던 70대 어머님이 계셨다. 자녀가 세금 없이 3억 원을 실질적으로 증여받을 수 있는 좋은 기회를 놓치고 싶지 않아 보이셨다. 그러나 막상 아래와 같이 계산해보면, 저가양도로 인한 세금이 오히려 단순 증여의 경우보다 세금이 더 많이 나오는 경우도 있다.

다른 사람에게 좋은 것이 내게도 반드시 좋다고 볼 수 없다. 개업하고 2년 동안 수천 명의 고객을 만나면서 느낀 점이 있다. 다들 많은 공부를 하고 오시지만, 그분들이 세무사보다 더 깊이 알 수는 없다.

특히 양도세율이 높은 구간에 해당하거나, 양도차익이 큰 자산의 경우에는 저가양도가 오히려 불리해질 수 있다. 반면 단순 증여는 증여세만 부담하면 되므로, 세 부담 구조가 단순하고 예측 가능하다. 따라서 동일한 금액을 이전하더라도 자산 종류·보유 기간·취득가액에 따라 결과가 크게 달라질 수 있으니 반드시 시뮬레이션을 거쳐야 한다.

"반드시 주변 세무사님들과 상의한 후 결정하시길 권장드립니다."

아파트 단순증여 및 저가양도 세액비교

- 시가 : 10억 원 (국민주택규모)
- 양도가액 : 7억 원 (특수관계인 간 거래)
- 부모 주택수 : 2주택 (비조정지역)
- 보유기간 : 10년
- 취득가액 : 1억 원

저가양도		단순증여	
구분	양도세	구분	증여세
양도가액	10억 원	증여가액	10억 원
취득가액	1억 원	증여공제	5천만 원
양도차익	9억 원	과세표준	9억 5천만 원
장특공	1억 8천만 원	세율	30%
양도소득	7억 2천만 원	누진공제	6천만 원
기본공제	250만 원	산출세액	2억 2,500만 원
과세표준	7억 1,750만 원	신고세액공제	675만 원
세율	42%	납부할 증여세	2억 1,825만 원
누진공제	3,594만 원	증여 시 취득세	3,800만 원
산출세액	2억 6,541만 원	증여 총세액	2억 5,625만 원
지방소득세	2,654만 1천 원		
총 양도세	2억 9,195만 1천 원		
양도 시 취득세	3,300만 원		
양도 총세액	3억 2,495만 1천 원	차액	△6,870만 1천 원

7 양도세·취득세는 어떻게 계산될까?
시가 기준과 가산세 주의

저가양도의 가장 큰 매력은 누가 뭐래도, 사랑하는 가족(특히 자녀)에게 낮은 금액으로 양도해서 실질적으로 내 재산을 증여세 부담없이 넘길 수 있다는 점이다. 그 과정에서, 일부 계약서상의 금액으로 양도세 신고를 하는 분들이 있다.

예를 들어, 시가 10억 원짜리 아파트를 10억 원에 감정평가를 받고, 7억 원에 저가양도 계약서를 작성하고, 그 계약서에 근거하여 양도세를 신고한다면 어떻게 될까?

세무서에서 양도가액을 시가인 10억 원으로 다시 산정해서 고지서를 발부할 것이고, 이 과정에서 내지 않아도 될 가산세를 부담할 수도 있다. 이 점은 반드시 유의해야 한다. 또한, 취득 등기를 맡은 법무사에게 7억 원짜리 매매계약서만 전달하고, 그 계약서를 바탕으로 취득세 신고를 하게 된다면, 머지않아 관할 지방자치단체로부터 가산세를 포함한 고지서를 받게 될 것이다.

특히 특수관계인 간 저가거래시 양도세는 시가에서 취득가액을 뺀 금액에 세율을 곱해 산정되므로, 계약서 금액을 임의로 낮춘다고 세 부담이 줄지 않는다. 취득세 또한 부동산 취득 시점의 시가를 기준으로 산정되며, 지방세법상 시가와 신고가액이 다를 경우 과세당국이 직접 조정한다. 예를 들어, 시가가 10억 원이고 취득가액이 6억 원이라면 양도차익은 4억 원이 되며, 여기에 보유 기간·주택 수 등에 따른 세율이 적용된다. 취득세는 주택 가격 구간별로 정해진 세율을 시가에 곱해 산출되며, 감정평가액 등이 시가로 인정된다. 따라서 특수관계인 간의 저가양도 시에는 감정평가액 등 시가를 기준으로 양도세 및 취득세 신고를 해야 불필요한 가산세를 부담하지 않을 수 있다.

소득세법 제41조 (부당행위계산)

① 납세지 관할 세무서장 또는 지방국세청장은 배당소득, 사업소득 또는 기타소득이 있는 거주자의 행위 또는 계산이 그 거주자와 특수관계인과의 거래로 인하여 그 소득에 대한 조세 부담을 부당하게 감소시킨 것으로 인정되는 경우에는 그 거주자의 행위 또는 계산과 관계없이 해당 과세기간의 소득금액을 계산할 수 있다.

소득세법 시행령 제98조 (부당행위계산의 부인)

② 조세 부담을 부당하게 감소시킨 것으로 인정되는 경우는 다음 어느 하나에 해당하는 경우로 한다. 다만, 시가와 거래가액의 차액이 3억 원 이상이거나 시가의 5%에 상당하는 금액 이상인 경우만 해당한다.
1. 특수관계인으로부터 시가보다 높은 가격으로 자산을 매입하거나 특수관계인에게 시가보다 낮은 가격으로 자산을 양도한 경우

지방세법 제10조의3 (유상승계취득의 경우 과세표준)

② 지방자치단체의 장은 특수관계인 간의 거래로 그 취득에 대한 조세부담을 부당하게 감소시키는 행위 또는 계산을 한 것으로 인정되는 경우 시가인정액을 취득당시가액으로 결정할 수 있다.

CHAPTER
05

부동산 자금조달계획서, 왜 중요할까?

1 작성대상은 누구일까?
안 내면 과태료, 내면 세무조사 가능

"신고하는 게 왜 이렇게 많아요?"

평균적으로 평생 몇 번의 부동산 매매를 할까?

나는 올해로 51세인데, 지금까지 2번 매수하고 1번 양도했다. 아마 이 정도가 평균일 것이다. 평생 약 2번 정도의 부동산을 사고팔 것 같은데, 문제는 관련 절차가 해마다 바뀌고 점점 더 복잡해진다는 것이다.

부동산을 거래하면 계약일로부터 30일 이내에 실거래가를 해당 부동산 소재지 관할 지방자치단체에 신고해야 한다. 취득하는 자는 자금조달계획서를 제출해야 하며, 이를 위반하면 최대 500만 원 이하의 과태료가 부과될 수 있다.

내가 처음 부동산을 취득했던 2003년에는 자금조달계획서 자체가 없었다. 두 번째로 부동산을 취득했던 2021년에는 자금조달계획서가 있긴 했지만, 지금처럼 많은 관심을 받지는 않았던 것 같다.

그런데 지금은 상황이 달라졌다. 자금조달계획서를 단순히 받는 수준을 넘어서, 국세청은 이를 분석해 자금출처 조사대상자를 찾아내기 때문이다.

구분	개인		법인	
	조정/투기과열	그 외 지역	조정/투기과열	그 외 지역
제출 대상	모든 주택	6억 이상 주택	모든 주택	모든 주택
추가 제출 서식	필요		필요	

자금조달계획서는 '자금을 어떻게 마련했는지'를 스스로 밝히는 첫 관문이기 때문에, 작성 단계에서부터 허위·부정확한 기재는 치명적이다. 금액과 출처가 불일치하면 곧바로 국세청의 자금출처 소명 요구로 이어질 수 있다. 특히 고액 부동산 거래일수록 금융거래내역, 증여·대출 계약서, 소득금액증명원 등 뒷받침 서류를 미리 준비해 두어야 예기치 못한 세무조사를 피할 수 있다.

> **부동산 거래신고 등에 관한 법률 시행규칙 제2조 [부동산 거래의 신고]**
> ⑦ 조정·투기과열지구에서 부동산 거래 시 추가로 자금조달계획서와 함께 제출해야 하는 서식은 다음과 같다.
> ▶ 그 외 지역이라면 아래 서류를 제출하지 않아도 된다.
> 1. 예금 항목 : 예금잔액증명서
> 2. 주식·채권 매각대금 : 주식거래내역서 또는 예금잔액증명서 등
> 3. 증여·상속 항목 : 증여세·상속세 신고서 등
> 4. 현금 : 소득금액증명원 등 소득을 증명할 수 있는 서류
> 5. 부동산 처분대금 : 부동산 매매계약서 또는 부동산 임대차계약서 등
> 6. 금융기관 대출액 : 금융거래확인서, 부채증명서
> 7. 임대보증금 : 부동산 임대차계약서
> 8. 회사지원금·사채 : 금전을 빌린 사실 및 금액을 확인할 수 있는 서류

2 세무조사는 몇 년 전까지 나올까?
최대 15년, 평균 3~5년 조사

"자금조달계획서* 작성이 언제부터 시작되었어요?"

〈국세청 아는형〉 유튜브 영상에서 2016년 부동산 취득에 대해서 2024년에 세무조사가 착수되었다는 영상을 찍은 적이 있었다. 흔한 경우는 아니었지만, 실제로 있었던 일이다. 이 영상에는 10건이 넘는 비슷한 내용의 댓글이 달렸다.

> **자금조달계획서:** 집을 살 때 자금을 어디서 마련했는지 밝히는 문서로, 근로·사업소득, 대출, 가족에게 받은 증여, 예금 잔액 등 자금의 출처를 신고하는 서류이다.

"2016년에는 자금조달계획서를 안 냈는데, 말이 안 된다"는 반응이었다. 반은 맞고, 반은 틀린 말이다. 그때는 자금조달계획서를 제출하지 않았다. 하지만, 자금조달계획서를 작성하지 않는다 하더라도 세무조사는 발생한다. 자금조달계획서가 의무화되기 한참 전부터 자금출처조사는 계속되어 왔다. 자금조달계획서 제출이 강제된 이후에는 제출하지 않으면 과태료가 부과되고, 제출했더라도 내용이 불분명하거나 의심스러우면 세무조사가 나올 수 있다.

여기서 잠깐, 세무조사는 과연 몇 년 전까지 나올까?

이론상으로는 최대 15년 전까지 나올 수 있다. 무신고자의 경우 증여세·상속세의 제척기간이 15년이기 때문이다. 하지만 일반적으로는 3~5년 정도의 거래에 대해 조사하는 편이다.

그러나 내가 세무서에서 22년, 세무사로 2년을 일하며 보니, 6~8년 전 거래에 대한 세무조사도 종종 본 적이 있다. 8년 전 것을 보기 위한 것도 있지만, 과거 부동산 취득 당시 채무액 상환을 이후에 계속 잘했는지 확인하기 위한 경우가 많은 편이다.

특히 고액 부동산 거래나 특수관계인 간 거래는 시간이 오래 지나도 '잠재적 조사 후보'로 남아 있어, 거래 후 장기간이 지나도 안심할 수 없다. 결국 핵심은 거래 당시의 증빙을 꼼꼼히 보관하는 습관이다. 통장 거래내역, 계약서 등은 10년 이상 보관하는 것이 안전하다.

아래 법령은 자금조달계획서 제출이 최초로 의무화된 2017년 당시 법령으로 현재는 금액 기준 등이 바뀌었다.

> **부동산 거래신고 등에 관한 법률 시행령 [2017. 9. 26, 일부개정]**
> 제3조(부동산 거래의 신고) ① 법 제5호의 2 및 제5호의 3은 투기과열지구에 소재하는 주택으로서 실제 거래가격이 3억 원 이상인 주택의 거래계약을 체결한 경우에만 적용한다.
> 5의 2. 거래대상 주택의 취득에 필요한 자금의 조달계획
> 5의 3. 거래대상 주택에 매수자 본인이 입주할지 여부와 입주 예정 시기

3 대출은 어떻게 준비할까?
대출약정서 활용으로 증여세 방지

"아내는 소득이 없어서 남편 명의로 대출을 받았지만, 사실상 대출은 공동명의입니다."

부부공동명의로 부동산을 취득하면 양도세, 종합부동산세, 증여세, 상속세 등 여러 측면에서 유리하다. 그런데 공동으로 부동산을 취득하면서도 대출은 한 사람 명의로만 받는 경우가 있다. 그 이유는 소득이 있는 사람의 명의로 대출을 받아야 대출 한도나 이자율 측면에서 유리하기 때문이다. 하지만 자금출처조사를 받게 되면 난감한 상황이 벌어질 수 있다.

30억 원의 아파트를 취득하면서 남편 개인 명의로 대출을 받은 사례가 있었다. 대출의 채무자가 남편 단독 명의이기 때문에, 꼼짝없이 10억 원의 대출 전액을 남편이 혼자 부담한 것으로 간주될 수 있다. 아내는 남편으로부터 이미 6억 원 이상의 증여를 받았기 때문에, 10억 원을 모두 남편이 부담한 것으로 판단될 경우, 남편이 아내에게 추가로 5억 원을 증여한 것으로 보일 수 있다. 이때 필요한 것이 부부 간 대출약정서이다.

부부가 공동으로 대출을 상환하기로 약정하고, 그 이자도 부부가 공동으로 상환해 나간다면 형식적으로는 남편 단독 명의로 대출을 받았더라도, 실질을 인정받아 두 명 공동대출로 인정받을 수 있다. 단, 그에 따른 이자 및 원금 상환을 함께 해나가는 걸 잊지 말자.

또한, 대출약정서는 단순한 형식문서가 아니라 '실제 상환 내역'과 반드시 일치

> 💬 **서면-2016-상속증여-5080 [2016.09.27.]**
> 금융기관으로부터 남편명의로만 대출받아 대출금으로 부동산취득자금에 충당하였으나, 사실상의 채무자가 부부공동임이 확인되는 경우 각자가 부담하는 대출금은 각자의 취득자금출처로 인정받을 수 있는 것임.

해야 한다. 원리금 납부 내역이 한 사람 계좌에서만 출금된다면 약정서 효력이 약해질 수 있으므로, 가능하다면 이자·원금을 분할해 각각의 계좌에서 송금하는 구조를 만드는 것이 안전하다. 특히 고액 부동산의 경우, 세무조사 시 약정서와 통장 거래내역을 함께 제시해야 설득력이 커진다.

# 증여세 신고, 어떤 실수를 조심해야 할까?
사실혼·비거주자 사례

"증여공제가 인정이 안 된다고 세무서에서 과세예고통지서가 날아왔어요."

부부 간 증여공제 6억 원. 이 책을 여기까지 읽은 독자라면 대부분 이 정도는 기본적으로 알고 있을 것이다. 그런데 이 쉬운 내용 속에서도 깜빡할 수 있는 실수가 숨어 있다.

최근 부동산 취득을 앞두고 자금조달계획서를 제출하기 위해 자금출처로 남편으로부터 증여공제 한도 내인 2억 원을 증여받았는데, 그게 문제인 두 사례가 있었다. 공교롭게도 두 사례 모두 2억 원인데, 둘 다 증여공제가 인정되지 않아 3천만 원 이상의 세금을 낼 위기에 처했다.

첫 번째는 사실혼 관계였다.

부부 간 증여공제 6억 원은 혼인신고를 마친 법률상 부부에게만 적용되는데, 이 부부는 혼인신고 전이었다. 부부 간 계좌이체를 하고, 증여세 신고까지 마쳤는데 본의 아니게 가산세까지 포함한 세금을 부담하게 되었다.

두 번째는 수증자가 비거주자였다.

외국에서 직업을 가지고, 소득과 가족이 모두 외국에 있었던 상황이었는데, 세법상 비거주자인데 거주자로 착각하고 2억 원을 증여한 것이다. 뒤늦게 후회해도, 이미 세무서에 제출된 계좌이체 내역과 증여세 신고는 되돌릴 수 없었다.

두 사례 모두, 만약 차용증을 작성하고 원금이나 이자를 꾸준히 상환해 나갔다면 문제가 되지 않았을 상황이었다.

여기에 더해, 증여세 신고에서 자주 간과하는 함정은 '증여일 기준 요건'이다. 혼인신고나 거주자 요건이 증여일 이후에 충족되더라도 소급 적용되지 않기 때문에, 반드시 증여 전 상태를 확인해야 한다.

> **상속세 및 증여세법 제53조 [증여재산 공제]**
> 거주자가 다음 각 호의 어느 하나에 해당하는 사람으로부터 증여를 받은 경우에는 다음 각 호의 구분에 따른 금액을 증여세 과세가액에서 공제한다.
> 1. 배우자로부터 증여를 받은 경우: 6억 원

# 5 차용증, 어떻게 써야 안전할까?
조사로 이어지지 않는 작성법

"차용증을 어떻게 작성해야 하나요?"

차용증을 어떻게 작성하느냐에 따라 차용으로 인정받을 수도 있고, 증여로 간주될 수도 있다. 안타깝지만, 그게 현실이다. 내가 〈국세청 아는형〉 유튜브 채널에 '차용증 작성하기' 영상을 올렸는데, 해당 영상에서 강조한 핵심적인 내용을 요약하자면 다음과 같다.

① 돈을 빌리는 사람의 가용소득을 고려하여 차용해야 한다.

돈을 빌리는 사람이 일정한 소득이 없는데, 당장 증여세를 내기 싫어서 고액의 차용을 한다면 그 차용증의 진실성은 의심받을 수 있다.

② 원금이 2억 1,700만 원까지는 이자를 반드시 지급하지 않아도 된다.

만약 이자를 준다면, 이자를 지급할 때 지방소득세 포함 27.5%를 원천징수 신고·납부해야 한다.

③ 이자를 지급하지 않고 원금도 상환해 나가지 않는다면, 증여로 볼 수 있다.

따라서 본인의 가용소득에서 실제로 원금을 상환해 나가야 하고, 상환한 금액을 현금으로 인출해서 되돌려 받는 행위는 해서는 안 된다.

④ 상환금액은 어느 정도가 적당한가?

정답은 없다. 내가 영상에서 "매월 최소 1% 이상씩은 상환해 나가야 한다"고 말했는데, 그 금액을 꾸준히 다 갚으려면 8년 4개월이 걸린다. 남이라면 그렇게 돈을 빌려주지도, 오랜 기간 상환받지도 않을 것이다. 그런데 대부분은 '그렇게 안 해도 괜찮겠지' 하면서 더 적은 금액만 상환해 나간다.

⑤ 차용기간은 어느 정도로 설정해야 할까?

차용기간을 꼭 8년 4개월로 적을 필요는 없다. 부동산을 매각하면 즉시 갚을 수도 있기 때문이다. 따라서, 3년 이상 정도로 차용기간을 설정하고, '부동산을 매각하면 우선적으로 상환한다'는 단서 조항을 넣는 것이 좋다.

그러나 차용증을 너무 맹신하지 않았으면 한다. 차용증 그 자체만으로 자금출처 조사를 할 수 있으며, 빌린 돈 다 갚을 때까지 계속 확인받아야 하는 부채사후관리 스트레스도 생긴다. 또한 그 과정에서 세무조사 대상으로 선정되는 경우도 많이 있다. 따라서 적당한 증여가 정신건강에 좋을 수도 있다는 말씀을 꼭 드리고 싶다.

6 취득세, 중개사 비용 조사대상일까?
자금출처조사에서 확인하는 핵심 비용

"취득세, 중개사 비용도 자금조달계획서 작성 대상인가요?"

많이 받는 질문이다. 내 대답은 이렇다.

"자금조달계획서에는 적지 않지만, 만약 자금출처 조사대상이 되면 제일 먼저 확인합니다." 그러면 부동산 구매자 대부분은 "그럼 세무조사를 안 받으면 되겠네요" 라고 답한다.

맞는 말이다. 하지만, 세무조사를 피하는 확실한 방법은 아무도 모른다. 취득세, 중개사 비용, 주택을 취득하고 추가로 들어가는 인테리어 비용까지, 이 세 가지를 합치면 1억 원이 넘는 경우도 많다. 그중 취득세와 중개사 비용은 자금출처조사 선정 후 처음 받는 자료요구서 제일 상단부분에 해당 금액을 어떻게 지급했는지와 송금한 내역을 묻는다. 기존 부모님으로부터 증여가 있는 경우에는 누적되어서 높은 세율을 적용받고, 가산세까지 내야 하는 난감한 경우가 발생하기도 한다.

따라서 취득세, 중개사 비용을 마련한 경로까지 명확히 설명할 수 있어야 하며, 특히 가족 간 금전거래가 있다면 차용증과 상환 증빙을 반드시 준비해 두는 것이 안전하다. 세무서는 이런 작은 금액에서도 증여 가능성을 찾기 때문에, 부동산 본 거래만큼이나 부대비용 자금출처 관리가 필요하다. 이 부분을 소홀히 하면 불필요한 세무 조사나 해명요구가 뒤따를 수 있다.

7 재산 취득자금 입증 못하면 어떻게 될까?
증여추정 기준과 예외

"…"

부동산 취득자금을 소명하라는 세무서의 요구에 끝까지 묵비권을 행사하는 분을 본 적이 있다. 누군가로부터의 입금한 흔적 없이, 현금을 입금했는데 이게 증여를 받은 건지, 소득을 누락한 건지 도무지 파악이 안 되는 경우가 아주 가끔 있다.

사실 세무서에서 조사해보면, 거의 100% 증여인지 소득 누락인지 알 수 있다. 그런데 정말 그 흔적을 볼 수 없다면, 과세가 불가능한 것은 아니다. 재산 취득자금을 입증하지 못하면 '증여'로 보겠다는 것이다. 이건 마치 '추정상속재산'과 비슷하지만, 다른 점이 하나 있다.

추정상속재산은 그 금액을 계산할 때 미입증금액에서 처분재산의 20% 또는 2억 원 중 적은 금액을 차감해주는데, 증여추정에서는 이를 차감해주지 않는다. 왜냐하면 추정상속재산은 해당 재산을 처분한 사람이 피상속인이기 때문에, 상속인이 입증하기 어렵다는 점을 고려한 것이다. 반면 증여추정은 본인이 직접 취득한 재산이기 때문에, 입증하지 못한 책임도 본인이 전부 지게 되는 셈이다.

"부동산 이거 얼마 되지도 않는데, 이거 갖고 조사 나오겠어?"라고 말하는 분들도 있다.

바로 증여추정배제기준이다. 다음 법령을 정리했는데, 40세 이상의 자가 3억 원 이하의 부동산을 취득했다면, 적어도 증여추정으로 인한 증여세 부과는 안 될 것이다. 다만, 부모님 등으로부터 증여받은 사실이 확인된다면, 증여세는 과세될 수 있다.

상속세 및 증여세법 제45조 [재산 취득자금 등의 증여 추정]

①② 재산 취득자의 직업, 연령, 소득 및 재산 상태 등으로 볼 때 재산을 자력으로 취득하였거나, 채무를 상환하였다고 인정하기 어려운 경우로서 다음의 경우에는 그 재산을 취득한 때에 그 재산의 취득자금을 그 재산 취득자가 증여받은 것으로 추정하여 이를 그 재산 취득자의 증여재산가액으로 한다.

증여추정 배제	미입증금액 ≤ min(취득재산 × 20%, 2억 원)
증여추정 과세	미입증금액 > min(취득재산 × 20%, 2억 원)
	증여재산가액 = 미입증금액(취득재산가액 - 입증된 금액)

③ 이전 10년 이내의 취득자금 또는 상환자금이 직업, 연령, 소득, 재산 상태 등을 고려하여 대통령령으로 정하는 금액 이하인 경우에는 제1항과 제2항을 적용하지 아니한다. (상증법 사무처리규정 제42조, 증여추정배제기준)

구분	취득 재산		채무상환	총액한도
	주택	기타재산		
30세 미만	5천만 원	5천만 원	5천만 원	1억 원
30세 이상	1억 5천만 원	5천만 원	5천만 원	2억 원
40세 이상	3억 원	1억 원	5천만 원	4억 원

8 자금조달계획서, 대출로 소명할 수 있을까?
무죄추정 원칙의 적절한 활용

"예금은 많은데, 신고된 소득이 없습니다. 조사가 나올까요?"

상담을 계속하다 보면, 상담하러 오시는 분들의 눈빛이나 말투만 봐도 5분 내에 많은 것을 예상하게 된다. 그리고 그 예상은 거의 틀리지 않는다.

자금조달계획서 상담을 오시는 분들 중 약 30%는 소득 신고를 누락하거나 증여·상속 신고를 누락한 예금 또는 현금으로 부동산을 취득해도 되냐는 질문이 많다. 나는 이렇게 답한다.

"자금출처조사가 나올 확률이 매우 높습니다. 차라리 대출을 받으시고요. 앞으로는 소득세 신고를 성실하게 하시고, 카드사용을 자제하세요."

이런 분들은 대부분 부동산 취득이 어렵다. 그 이유는 신고된 소득이 없어서 대출이 쉽지 않기 때문이다. 그런데 이렇게 말씀드려도, 부동산을 취득하시는 분들이 있다.

자금조달계획서 '예금' 항목에 고액의 금액을 기재하고 말이다. 이런 경우 5년 이상 장기간에 걸친 조사를 받을 확률이 높다. 해당 금액을 어떻게 벌었는지 밝히기 위해서이다. 실제로 최근 대출이자가 아깝다는 이유로 본인의 신고되지 않은 소득을 동원해 주택을 취득한 누나 한 분이 조사대상에 올랐다. 조사가 시작되면 조사대상기간 전체의 모든 통장을 조회한다. 그 과정에서 과거 증여, 소득 누락이 전반적으로 밝혀진다.

9 소득지출분석(PCI), 국세청은 어떻게 조사대상을 고를까?
조사 선정방식과 실제 사례

"세무서에서는 어떻게 자금출처조사 대상을 선정하나요?"

세무서에서 자금출처조사 대상을 선정하는 방법은 다양하다.

시스템을 통해 선정하는 방법도 있지만, 각종 신고서를 살펴보다가 또는 우연히 특정 지번 부동산등기부등본을 보다가 자금출처가 부족한 혐의가 있다면 조사대상이 될 수 있다.

물론 무작정 조사를 하는 건 아니고, 특정한 혐의점을 기반으로 내부적으로 분석하고 결재를 거친 후에야 조사가 시작된다.

조사선정 과정은 납세자에게 침해적 행정에 해당하기 때문에, 내부 결재과정 및 사후 감사에서도 문제 삼을 소지가 있다.

소득지출분석 시스템(PCI)*은 내가 직접 여러 명을 전산으로 돌려서 조사대상을 선정해 본적은 없지만, 국세청 내에 있을 때 분석했던 방식이었다.

> **소득지출분석 시스템(PCI):** 소득과 지출 내역을 전산으로 분석하고 확인하는 세무 시스템

자산 취득(Property), 소비금액(Consumption), 대비 소득(Income), 증여금액을 비교하는 시스템이다. 최근 내가 실제로 상담한 사례 하나를 예로 들어보자.

다음 표를 보면 소득이나 증여받은 금액 대비 부동산 및 차량 취득, 예금 증가, 카드소비 금액, 임대보증금 반환 등이 7억 원이 더 커서 조사대상으로 선정됐었는데,

이러한 세무서의 분석은 실제 상황과 거의 일치했다. 부모님이 자식에게 사준 자동차 1억 원, 부모님이 임차인에게 직접 상환해 준 6억 원이 적출되었다.

분석대상기간: x1.1.1~x6.12.31

자산 취득 및 소비 행위		소득이나 증여	
합계	20억 원	합계	13억 원
부동산 취득	10억 원	소득금액	3억 원
예금(주식) 증가	1억 5천만 원	수증금액	5천만 원
카드사용금액	1억 5천만 원	대출(차용)	3억 원
자동차 취득	1억 원	부동산매각 대금	
증여금액		임차보증금 반환	5천만 원
대여금액		임대보증금 수령	6억 원
임대보증금 반환	6억 원	예금(주식) 감소	

CHAPTER 06

통장에서 안전하게 돈 빼는 법

 1 현금 출금, 어떻게 해야 증여로 안 걸릴까?
인출 목적, 금액별 안전한 기준

"통장에 있는 돈을 출금하는데 괜찮나요?"

많은 분들이 통장에 있는 돈을 출금했다가 혹시 세무조사라도 받을까 봐 걱정한다. 금융정보분석원에 통보되고 세무조사를 받을 수 있다는 유튜브 영상이 너무나 많기 때문이다.

"그런데, 왜 출금하시려는 거예요?"

이렇게 물으면 선뜻 대답하지 못하는 분들이 많다. 하지만 목적이 명확한 분, 즉 '자녀에게 주는 게 아니라 내가 쓸 돈'이라고 말하시는 분들께는 "그럼 출금하셔도 괜찮습니다."라고 말해드린다.

자녀에게 증여하는 것이 아니라 본인이 직접 사용할 목적이라면, 망설일 이유가 전혀 없다. 상속세 신고 및 조사를 여러 건 수행하다 보면, 현금을 출금해서 비슷한 시기에 상속인에게 입금한 경우가 많이 있다. 이 경우는 직접 송금한 것마냥 확실한 증여에 해당한다.

상속인이 본인의 계좌에 입금한 그 돈이 피상속인의 계좌에서 출금한 돈 외에 다른 돈이라는 입증을 할 수 없다면 말이다.

작년에 상속세 신고를 대행했던 80대 초반의 어르신은 매월 말일에 300만 원씩 현금을 인출해 며느리에게 생활비로 주신 분도 있었다. 이처럼 일정한 패턴으로, 너무 크지 않은 돈을 출금하면 증여로 오해받을 확률이 적어진다.

유튜브 〈국세청 아는형〉 첫 영상인 '현금 안전하게 인출하는 법'에서 했던 말을 다시 한번 인용한다.

"가급적 하나의 은행보다는 여러 은행으로 나누고, 금액을 쪼개서 인출하는 것이 하나의 방법이 될 수 있습니다."

또한, 현금을 인출했다면 사용처를 명확히 기록해 두는 것이 좋다. 단순히 현금으로 썼다고 말하는 것보다, 영수증·계약서·송금 내역 등 '증빙'을 함께 제시하면 불필요한 오해를 줄일 수 있다. 특히 단기간에 고액을 여러 번 인출하면 의심을 살 수 있으니, 계획적으로 간격을 두고 인출 패턴을 만드는 것이 안전하다.

실무에서는 1천만 원 이상 현금 인출 시부터 금융기관에 자동 보고될 수 있다는 점을 기억하고, 고액 인출이 불가피하다면 사전에 사용 계획과 증빙을 준비해 두는 것이 현명하다. 결국 핵심은 '왜, 어떻게 썼는지'에 대한 설명을 스스로 준비해 두는 것이다. 세무조사는 액수보다 '설명할 수 없는 돈'에서 시작된다.

금융정보분석원 통보제도

- **고액현금거래보고제도**(Currency Transaction Report, CTR)
  : 금융회사 등이 일정금액 이상의 현금거래를 FIU에 보고토록 한 제도로서, 동일 금융회사에서 동일인의 명의로 1거래일 동안 1천만 원 이상의 현금이 입금되거나 출금된 경우 거래자의 신원과 거래일시, 거래금액 등 객관적 사실을 전산으로 자동 보고하는 제도

- **의심거래보고제도**(Suspicious Transaction Report, STR)
  : 금융회사 등이 주관적으로 판단하여 의심되는 합당한 사유를 적어 보고하는 제도

② 부모님이 출금하신 걸 어떻게 확인할까?
1225 규정 : 추정상속재산

"이걸 제가 어떻게 알아요?"

상속세 조사가 시작되고 처음 20일 정도는 조용하다. 그 기간은 세무서에서도 금융기관을 통해 통장 거래내역을 받는 시기이다. 상속세 조사를 받지 않는 경우도 있지만, 일단 상속세 조사가 시작되면 금융조회는 무조건 진행된다. 피상속인과 상속인 계좌가 10년 치까지 열람되며, 경우에 따라 부과제척기간인 15년까지 열람된다. 통장이 오픈되고 그 내용을 정리하는데 걸리는 시간이 20일 정도이다. 이때쯤 되면 나(세무대리인)에게 세무서에서 전화가 온다. 메일로 소명을 요구하시는 분들도 있고, 세무서 방문을 요청하는 분들도 있다. 이때 엑셀로 정리된 소명요구서를 받게 된다.

① 피상속인이 상속인에게 이체한 계좌 소명요구
② 피상속인의 계좌에서 2년~10년 사이의 고액의 출금내역 소명요구
③ 피상속인의 계좌에서 2년 이내의 출금내역 전부 소명요구

크게 보면 이 세가지로 나뉜다. ① 피상속인이 상속인에게 송금한 내역에 대해서는 상속인들이 비교적 잘 기억하지만, ②번과 ③번에 대해서는 "그걸 제가 어떻게 알아요?"라며 짜증을 내는 경우가 종종 있다. 그럴 때 나는 이렇게 묻는다. "2년~10년 고액의 인출액 중에서 본인 부동산 취득을 위해서 쓴 금액이 있나요?" 이

질문에 대해서 "없어요"라는 대답이 나오면, 나는 안도의 한숨을 쉰다.

②번에 대해서 세무서는 대체거래 및 수표 추적을 실시할 수 있고, 비슷한 시기에 상속인의 계좌에 들어온 돈이 있는지, 부동산 등을 취득한 것이 있는지 확인한다. 그런 게 없다면 세무대리인인 나도 조사 대응이 훨씬 수월해진다.

③번에 대해서는 적극적으로 소명해야 한다.

②번 관련 증여세 등 과세 입증책임은 과세관청에게 있지만, ③번은 상속인이 사용처를 입증해야 하는 구조로, 입증책임이 상속인에게 있기 때문이다. 그것이 바로 상속추정규정*이다. 일반적으로 상속 개시일 전 2년 이내에 인출한 금액을 어디에 썼는지 소명하지 못하고, 그 금액이 일정 금액 이상이라면 상속재산에 가산된다. 이를 상속추정규정이라 한다. 하지만 전액이 모두 상속재산에 가산되는 건 아니고, 실제로 자녀가 받지 않았는데 억울하게 세금 내는 경우는 드문 것 같다.

> **상속추정규정:** 피상속인이 돌아가시기 전 2년 이내에 처분재산 등에 대하여 상속인이 그 사용처를 입증하지 못하면 일정 금액을 상속세 과세대상에 포함시키는 제도이다.

상속추정규정(상속세 및 증여세법 제15조)

구분	내용
상속추정요건	사용처 미입증금액 ≥ min(재산종류별 처분금액×20%, 2억 원)
추정상속재산	사용처 미입증금액 - min(재산종류별 처분금액×20%, 2억 원)

 ## 3 현금 입금 시 주의할 점은?
5억 원 현금 보유자의 세무 리스크

"제가 현금이 5억 원이 있어요. 이걸 입금할 수 있는 방법이 있을까요?"

자주 듣는 질문이다. 이자도 못 받으면서 금고에 현금으로 가지고 있는 게 아깝기도 하고, 그 돈으로 코인 등에 투자하고 싶은 마음이 엿보인다.

"그런데, 그 돈은 어떻게 생기신 거예요?"

이렇게 물으면, 돌아오는 대답은 정말 제각각이다. 뇌물, 부모님 계좌에서 인출한 돈, 현금매출 누락분, 차명으로 주식이나 부동산 투자한 금액의 회수 등이다. 이런 돈은 결국 현금소비나 주식·코인·금 투자 등으로 조금씩 나눠서 사용할 수밖에 없다. 목돈을 한 번에 부동산에 투자하는 건 쉽지 않은 일이며, 만약 꼭 그렇게 하려고 한다면 세무조사 대응 전략을 미리 세워야 한다. 그리고 일정 수준의 세금부과를 예상해야 할 것이다.

4 현금 입금 시 최악의 경우?
세무조사 사례와 대비법

현금을 입금한다고 해서 기다렸다는 듯 세무조사가 곧바로 시작되는 것은 아니다. 다만, 금융정보분석원에 통보되는 CTR*, STR* 자료는 금융정보분석원에 파견된 각종 공무원들에 의해 분석되며, 해당 분석자료는 세무서 등의 유관기관에 통보된다.

즉, 그 내용이 '심각하다'고 판단되면 즉시 조사 대상이 될 가능성이 있다는 뜻이다. 과거 세무서 근무 시, 그런 이유로 조사를 했던 기억이 있다. 설령 현금 입금 자체로 당장은 조사가 나오지 않는다고 하더라도, 우연히 파악된 차명계좌에 출처를 알 수 없는 현금이 꾸준히 입금된다면, 그 돈이 입금된 이유가 무엇인지 아는 방법은 다양하다.

해당 계좌에 입금한 사람이 누구이며, 그 입금한 자의 직업 등을 파악한다면 어떤 금액인지는 세무조사를 통해서 확인할 수 있다. 또한 해당 계좌에 입금한 사람들의 인적사항을 파악해서 몇 통의 전화만 걸어도 그 통장의 실소유주가 누구인지 세무서에서는 충분히 알아낼 수 있다.

그렇게 해서 입금된 금액이 5년간 누적 10억 원이고, 그게 5년 후 한꺼번에 걸린다면? (실제로 세무서 조사과에서는 이런 일이 흔하게 발생한다.)

그 세금효과를 정리하면 다음과 같다.

> **CTR:** 고액 현금 거래 보고서(1천만 원 이상 현금이 입·출금되면 금융기관이 자동으로 보고)
>
> **STR:** 의심 거래 보고서(자금세탁·탈세·범죄 관련 의심이 있는 거래를 금융기관이 판단해 자율 보고)

💬 차명계좌를 이용해 10억 원의 매출을 누락한 경우, 5년 후 한꺼번에 추징당하면 어떤 세금 효과가 발생할까?

- 종합소득세율 이미 49.5%(지방소득세 포함)

구분	계산내역	금액
합계		11억 5천만 원
부가가치세	10억 원 × 10% × 1.6배 (가산세)	1억 6천만 원
소득세	10억 원 × 49.5% × 1.6배 (가산세)	7억 9천만 원
현금영수증 가산세	10억 원 × 20%	2억 원

이처럼 장기간 누적된 금액이 한 번에 적발되면, 단순 세금뿐 아니라 가산세까지 더해져서 실제 부담액이 원금을 훌쩍 넘을 수 있다.

5 분양권 양도, 세무조사 안 걸릴까?
40% 가산세, 과태료 부과

"분양권 다운계약* 하면 안 걸리지 않나요?"

분양권을 취득하고 1년 이내 양도하면, 양도차익에서 기본공제 250만 원을 차감하고 지방소득세 포함 77%를 세금으로 내야 한다.

1년 이상 보유했다고 하더라도, 분양권 상태에서의 양도에 대해서는 66%의 세금을 내야만 한다. 어떤 분들은 "분양권을 투기 목적으로 활용했다면 당연히 세금을 내야지"라고 말한다.

> **다운계약**: 실제 거래된 금액보다 낮은 금액으로 계약서를 작성하거나 신고하는 행위를 말한다. 주로 부동산 거래에서 양도소득세(매도자)나 취득세(매수자) 등 세금을 줄이기 위한 목적으로 사용되는 불법적인 방법이다.

반면, "이건 너무 과도한 세금이다"라고 불만을 토로하는 이들도 있다. 실제로 분양권 시장에서는 다운계약하는 것이 만연된 분위기이다.

다운계약을 하지 말라는 취지로 동영상을 올렸을 때, 그런 영상을 찍는 나를 비웃는 사람들도 있었다.

그렇다. 분양권을 다운계약한다고 해서 100% 적발되는 것은 아니다. 하지만 세무조사 대상으로 선정될 경우 실제 다운계약이라는 것이 충분히 입증될 수 있다.

특히 분양권 거래는 국토교통부 실거래가 자료, 금융거래 내역 등을 조사하면 그 진위 여부를 확인할 수 있으며, 최악의 경우 조세범처벌법으로 세금·과태료 외에 형사처벌 가능성까지 뒤따른다.

분양권 2억 원 다운계약 후 적발 시 세금효과(1년 후 적발 시)

구분	계산내역	금액
합계		5억 100만 원
양도소득세	2억 원 × 77% × 1.5배 (가산세)	2억 3,100만 원
과태료(조세범)	2억 원 × 70% × 50%	7,000만 원
매수인 비과세 배제	2억 원 한도	2억 원

따라서, 그로 인해 발생할 수 있는 불이익을 명확히 알고 난 후에 의사결정을 하는 게 좋을 듯하다.

6 자금출처조사가 사업체 조사로 번질 때
조사 흐름 읽고 대응하는 법

"혹시 자금출처조사를 받다가 사업체 조사로 확대될 수도 있나요?"

이런 질문을 가끔 하시는 분들이 있다.

모든 자금출처조사가 사업체 조사로 확대되지는 않지만, 연결 계좌 확인 과정에서 해당 자금이 사업체에서 나온 것으로 확인된다면, 즉시 또는 훗날 다른 조사를 통해서 해당 사업체 조사로 이어질 가능성도 있다.

이때 세무사의 대응이 매우 중요하다. 무조건 세금을 줄이는 것이 능사는 아니다. 내야 할 세금이 있다면, 신속하고 정확하게 대응해서 일부를 인정하고 납부하는 것이 오히려 조기 종결에 유리할 수 있다.

반면, 납세자의 눈치를 보느라 무조건 세금을 적게 내려고 하다 보면, 세무서 입장에서는 사업체에 대한 본조사로 확대하지 않을 수 없다. 그만큼 조사의 흐름과 방향을 읽어내는 통찰력이 필요한 것이다.

이런 경우에는 국세청 출신 세무사들이 상대적으로 유리한 측면이 있다. 물론, 출신만으로 실력을 단정할 수는 없다. 오히려 일반 세무사 중에서도 더 적극적이고 꼼꼼하게 대응하며 실력 있는 전문가들이 많다. 결국 중요한 것은, 납세자의 일을 마치 가족의 일처럼 진지하게 고민하고 철저히 연구하는 자세를 갖추고 있느냐는 점이다.

CHAPTER 07

상속보다 유리한 사전증여 전략

1 유언, 왜 미리 준비해야 할까?
손자녀 세대까지 절세하는 방법

"상속인의 연세가 80세이신데요. 상속인의 자녀가 상속을 받을 수 없나요?"

상속이 이미 개시되었다면 상속인은 법적으로 상속을 받을 수밖에 없다. 그런데 상속인도 고령이다 보니, 그다음 세대인 손자녀나 그 배우자, 증손자에게 상속을 이어주고 싶은데, 상속이 개시된 상황이라면 어쩔 수 없이 고령의 자녀가 상속을 받는 구조가 된다. 이때 사용할 수 있는 방법 중 하나가 '세대생략가산세'를 부담하더라도 손자녀 이하에게 사전증여를 하거나, 손자며느리·손녀사위에게 직접 증여하는 방식이다.

유언을 미리 준비해야 하는 이유는 상속 구조를 설계하는 과정에서 세대생략 전략을 함께 적용할 수 있고, 결과적으로 두 번의 상속 과정을 한 번으로 줄여서 상속세 부담을 크게 줄일 수 있기 때문이다. 또한 유언은 '누가, 어떤 비율로, 어떤 자산을 상속받는지'를 명확히 기록해서 가족 간 분쟁을 예방하므로, 불필요한 소송 비용 등을 줄여준다.

사전증여든 유언이든, 어떤 방법을 쓰더라도 세대 간 이동을 계획하면 상속세와 취득세가 절감된다.

그러나 집안에서 먼저 이런 이야기를 꺼내는 것이 가장 어렵다. 그래도 요즘은 내게 증여·상속 상담을 받으러 오시는 70대 이하 젊은 부모님들도 늘고 있다. 조금이라도 젊을 때, 사전증여든 유언이든 한 번쯤은 진지하게 고민해보시길 권한다.

유언을 통해서 며느리·손자녀에게 함께 재산 분배 시 절세 효과

- 할아버지가 50억 원 상속 후 20년 이후 재산은 2배가 된다고 가정 시
- 유언으로 인한 절세 효과 : 18억 4천만 원

아들 단독 상속 시 세금효과		유언을 통한 상속 시 세금효과	
구분	금액	구분	금액
합계	59억 8,100만 원	합계	41억 4,100만 원
1세대 상속세	17억 8,700만 원	1세대 상속세	20억 100만 원
1세대 취득세	1억 5,800만 원	1세대 취득세	1억 5,800만 원
2세대 상속세	36억 2,500만 원	2세대 상속세	17억 5,300만 원
2세대 취득세	4억 1,100만 원	2세대 취득세	2억 2,900만 원

② 상속 포기, 정말 괜찮을까?
상속 포기보다는 유언

"염 세무사! 만약 유언을 못 하신 분이 돌아가시면, 손자녀들이 재산을 상속받을 수 있는 방법이 있을까?"

어느 날, 한 세무사님이 내게 이렇게 물었다.

내 머릿속에는 늘 '사전증여'와 '유언'이라는 방식만 가득 차 있었기 때문에, 단번에 답을 하지 못하고 "잘 모르겠는데요"라고 대답했다. 그러자 상속·증여를 30년 넘게 전문으로 다뤄온 그 세무사님은 간단한 답을 주셨다.

"상속 포기를 하면 되잖아."

맞는 말이다. 알고 있었지만, 한 번에 답이 떠오르지 않았다. 상속·증여로 산전수전을 다 겪은 30년 이상 경력의 베테랑 세무사님들은, 국세청 출신이 아니더라도 실전에서 쌓은 경험이 많아 배울 점이 많다.

그렇다면 노노상속이 이루어졌다고 가정하자.

배우자는 없고, 고령의 상속인이 상속 포기를 했다면 다음 순위인 손자녀가 상속인이 된다. 이렇게 되면, 마찬가지로 세대 생략의 효과는 있지만 상속공제 한도에 있어서 유언과는 다르다.

이 경우, 상속인이 아닌 자가 재산을 다 받게 되어 5억 원의 일괄공제가 적용되지 않는다. 결국 유언을 통해 적절하게 안분해서 받는 것보다 세금 측면에서 손해이다. 이런 방식의 상속 포기는 우리 집안 전체가 내는 세금효과를 따져본 후 결정해야 한다.

상속세는 단일 사건이 아니라, 이후 세대의 재산 이전까지 영향을 주는 장기 게임이므로, 단기 절세만 보고 포기를 선택하는 것은 위험할 수 있다.

상속세 및 증여세법 제24조(상속공제 적용의 한도액)

상속공제 한도액 = 상속세 과세가액 - ① - ② - ③
 ① 선순위의 상속인이 아닌 자에게 유증 등을 한 재산가액
 ② 선순위의 상속인의 포기로 그 다음 순위의 상속인이 받은 재산가액
 ③ (상속세 과세가액이 5억 원을 초과하는 경우에만)
   상속세 과세가액에 가산한 증여재산 - 증여재산공제액

3 창업자금 증여, 어떻게 활용할까?
증여세 과세특례와 절세 포인트

"아들의 창업을 지원하려고 하는데, 증여세가 너무 부담돼요. 차용증을 쓰고 돈을 빌려줄까요?"

기대여명이 30년 이상이신 젊은 어머니 한 분이, 아들의 창업을 지원해주고 싶다며 상담하러 오셨다. 본인이 경기도 외곽에 건물을 사서 자녀에게 싸게 임대해주고 싶다고 하셨는데, 나는 '창업자금 증여세 과세특례제도'를 아래와 같이 그림으로 설명해드렸다.

그분과의 상담 후 〈국세청 아는형〉 채널에 올린 영상은 현재까지 조회수 60만 회를 넘어섰다. 60세 이상의 부모가 18세 이상의 자녀에게 현금을 증여하면 5억 원

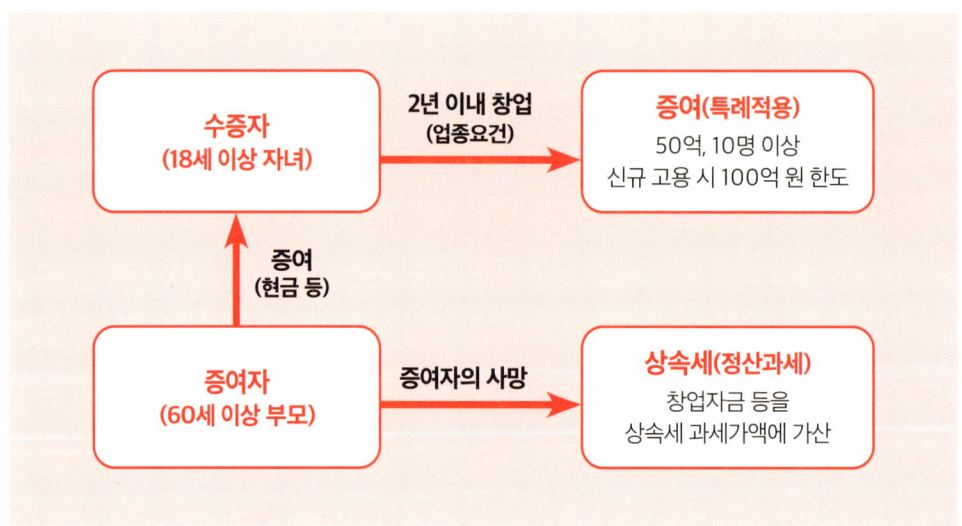

까지 증여세를 면제받을 수 있다. 단, 2년 이내 음식점 등 일정한 업종을 창업하고, 4년 이내 해당 자금을 창업하는데 모두 써야 한다.

어머니는 자녀에게 현금 10억 원을 증여했고, 아들은 그 돈으로 경기도 외곽에 토지를 취득한 뒤 본인의 자금도 더해 음식점을 창업했다. 그리고 그 일대를 개발하기로 결심했다. 어머니도 젊으시기에 아들의 식당 운영을 도왔고, 현재 해당 식당은 성공적으로 운영 중이다.

이렇게 창업자금 증여 특례를 활용하면, 5억 원까지는 증여공제가 적용되고, 50억 원까지는 세율 10%의 증여세를 내면 된다. 다만, 언젠가 어머니가 사망하신다면 그 시점과 관계 없이 해당 증여재산가액은 상속재산가액에 가산된다.

이 특례제도의 핵심 장점은 두 가지다. 첫째, 당장 내야 할 증여세가 거의 없다는 것, 둘째, 부동산 등을 자녀 명의로 취득해서 자산가치 상승의 효과를 자녀가 직접 누릴 수 있다는 것이다.

창업자금 특례를 활용해서 10억 원을 증여할 경우 절세 효과

- 10억 원의 토지 취득 후 30년 후에 해당 토지가 40억 원이 된다고 가정시
- 사전증여로 인한 절세 효과 : 12억 원

아들이 창업자금으로 토지 취득		어머니가 토지 취득 후 30년 뒤 상속	
구분	금액	구분	금액
합계	9천만 원	합계	12억 9천만 원
특례적용 증여세	5천만 원	상속세	12억 9천만 원
상속세	4천만 원		

4 보험 가입, 세금에 어떤 차이가 있나?
계약·납입 구조에 따라 달라지는 세금

"세무사님. 피상속인의 보험금을 아내인 제가 계속 납입했어요. 상속세 과세대상이 아닌 줄 알았는데요."

상속으로 인하여 받는 보험금은 '간주상속재산*'으로 상속재산에 포함된다고 설명드리자, 60대 중반의 상속인이 오히려 나에게 다시 설명을 해준 적이 있었다. 세법상으로는 이미 알고 있는 내용이었지만, 상담을 하다 보면 현실에서는 의뢰인에게서 배우는 경우도 적지 않다.

간주상속재산: 실제로 상속받은 건 아니지만 상속받은 것으로 간주해서 상속세를 매기는 재산.

불입자: 어떤 계좌나 금융상품에 돈을 넣는 사람, 즉 자금을 실제로 낸 사람.

그날 이후로 '보험을 어떻게 가입해야 상속재산에 포함되지 않을까'를 깊이 고민하게 되었고, 결국 나 역시 생명보험에 가입하게 되었다. 생각해 보니, 보험의 기능은 다양한 것 같다. 내게 갑자기 문제가 생긴다면, 남은 가족들이 경제적 기반을 갖고 이겨낼 수 있는 수단이 될 수 있고, 오래 살아 수명을 다하더라도 그 보험금은 상속세 재원으로 활용할 수 있다. 보험료 납입기간은 내가 돈을 벌 수 있는 기간으로 설정해도 된다. 결국 관건은 '계약 구조'다. 계약자·불입자*·수익자 조합에 따라 세법상 과세 여부가 달라진다.

다음 표를 보면, 계약 구조가 잘못되면 상속세나 증여세가 부과되고, 반대로 구조만 잘 짜도 세금을 완전히 피할 수 있다는 사실을 알 수 있다.

즉, 피보험자가 남편이라 하더라도, 불입자와 수익자를 동일하게 두면 세금 없이

피보험자	계약자	불입자	수익자	세법상 처리
남편	남편	남편	아내	상속세 과세대상
남편	아내	남편	아내	상속세 과세대상
남편	아내	아내	자녀	아내가 자녀에게 증여
남편	아내	아내	아내	상속세·증여세 과세제외
남편	자녀	자녀	자녀	상속세·증여세 과세제외

이전이 가능하다.

반대로 불입자와 수익자가 다르면 증여세가 발생하고, 불입자가 피상속인이라면 보험금 전액이 상속세 과세대상이 된다. 보험은 '가입 시점의 설계'가 전부다. 계약 구조를 잘못 짜면 수천만 원에서 수억 원까지 세금 차이가 날 수 있다.

> **상속세 및 증여세법 제8조 [상속재산으로 보는 보험금]**
> ① 피상속인의 사망으로 인하여 받는 생명보험 또는 손해보험의 보험금으로서 피상속인이 보험계약자인 보험계약에 의하여 받는 것은 상속재산으로 본다.
> ② 보험계약자가 피상속인이 아닌 경우에도 피상속인이 실질적으로 보험료를 납부하였을 때는 피상속인을 보험계약자로 보아 제1항을 적용한다.

5 10년 이내 증여, 꼭 필요한가?
증여 타이밍에 따른 절세 효과와 시가 산정 시기

"부모님이 고령이신데, 사전증여를 하기에는 너무 늦었죠?"

사전증여와 단순 상속 중 어느 쪽이 더 유리한지 물어보시는 분들이 많다.

부모님의 재산가액이 상속공제 금액보다 더 많은 경우라면, 일반적으로는 사전증여가 유리하다고 본다.

사전증여를 하기에 늦은 나이라는 기준은 없다. 만약 상속인에게 사전증여하고 설령 10년 이내에 돌아가신다고 하더라도 재산평가기준일이 사전증여 시점이기 때문에, 향후 재산가액이 상승할 것으로 예상되는 부동산이라면 사전증여가 더욱 필요하다.

그러나 부동산 사전증여 시 고려해야 할 것들이 있다. 예컨대, 조정대상지역 아파트를 증여하게 된다면 국민주택 규모(전용 85m²)를 초과시 13.4%의 취득세를 내야 할 수도 있다. 일반적으로도 증여 취득세율이 4%이고, 상속 취득세율이 3.16%인 점 등을 고려하면, 실제 행동에 옮기기 전에 실제 계산을 해보고 결정하는 게 좋다. 또한 증여 시점은 단순히 세율 차이뿐 아니라 '시가 산정 기준일'을 결정한다는 점에서 중요하다.

향후 부동산 가격이 30% 이상 상승할 것으로 예상된다면, 지금 증여하는 것만으로도 시가 상승분 전체에 대한 과세를 피할 수 있다. 특히 개발 예정지, 재건축·재개발 구역, 상권 확장 지역의 부동산은 1~2년 차이만으로도 수억 원의 과세 차이가 날 수 있다. 이처럼 증여 타이밍을 전략적으로 잡으면, 단순 세율 절감 효과를 넘어 재산가치 변동에 따른 과세 리스크까지 줄일 수 있다.

따라서, 대부분의 경우 사전증여는 유리한 전략이 될 수 있다. 사전증여를 하게 되면 자녀 입장에서는 상속재산에 가산되지 않기 위해서라도 증여 시점부터 부모님이 10년 이상 건강히 사시길 바라게 된다.

상속세 및 증여세법 제13조 [상속세 과세가액]

① 상속세 과세가액은 상속재산의 가액에서 공과금, 장례비, 채무를 뺀 후 다음 각 호의 재산가액을 가산한 금액으로 한다. 이 경우 공과금 등이 상속재산의 가액을 초과하는 경우 그 초과액은 없는 것으로 본다.
  1. 상속개시일 전 10년 이내에 피상속인이 상속인에게 증여한 재산가액
  2. 상속개시일 전 5년 이내에 피상속인이 상속인이 아닌 자에게 증여한 재산가액

6 상속인 외 사전증여의 장점
며느리·사위·손자녀 활용 전략

"며느리나 사위, 손자녀는 상속인이 아니기 때문에 사전증여 후 5년만 지나도 상속재산에 가산되지 않습니다."

기대여명이 길지 않은 부모님이 계신 경우, 나는 이렇게 구체적으로 설명해 드린다. 그러면 대부분 며느리나 사위는 그 자체로 다소 반감이 있고, 손자녀는 '세대생략 가산액'이 있어서 망설이시는 경우가 많다.

이렇게 상속인에게만 사전증여를 진행하면, 사전증여로 인한 증여세 부담도 커질 뿐만 아니라, 5년에서 10년 사이에 돌아가시는 경우 상속재산에 가산되는 점 또한 부담이 된다. 따라서 상속인 외의 자에게 사전증여할 때의 증여세 및 상속세 효과를 비교해볼 필요가 있다. 또한 주택 증여에 있어서 취득세 중과 문제가 있을 수 있으므로 이 점도 고려해야 한다.

부모님의 연세가 70세가 넘으셨고, 재산이 20~30억 원 이상의 고액이라면 상속인들을 모으자. 그리고 허심탄회하게 사전증여를 얘기하는 게 좋다.

특히 상속재산이 50억 원 이상의 고액자산가라면 상속인뿐만 아니라 사위·며느리·손자녀 등도 함께 재산을 나누는 것을 적극적으로 검토하는 게 좋다.

조금이라도 빨리 사전증여를 폭넓게 검토하는 것이 우리 집안의 세금을 줄이는 가장 확실한 방법이 될 것이다.

내가 상속세 신고하면서 실제 봤던 사례를 공유한다. 이 집 사위는 상속인들을 설득해서 7년 전 경기도 외곽 토지를 사전증여 하도록 했다. 이때 냈던 세금이 5억

7천만 원이었다.

집안의 반대가 얼마나 심했을지 상상해 보라.

7년 후 어머니가 돌아가셨다. 그런데 어머니의 기대여명을 고려해서 상속인 외의 자에게 60%를 사전증여했기에, 사위와 손자녀에게 증여한 18억 원은 상속재산에 가산되지 않았다. 또한, 7년 전에 30억 원이었던 토지 가액은 현재 40억 원이 되었다. 만약 사전증여를 하지 않았더라면 토지는 최소한 40억 원으로 평가된다. 사전증여를 해 놓았기에 그로 인한 절세는 8억 3천만 원이었다. 그런데 그 절세 효과는 사실 훨씬 더 크다.

현재 규정상 기준시가 40억 원(해당 가액은 계속 낮아지고 있고 현재에는 10억 원대 이상이면 감정평가를 고려해야 한다)이면 무조건 감정평가를 받아야 하니, 해당 토지는 거의 두 배인 80억 원으로 평가될 것이고 예상 세액은 35억 원이 넘을 것이다.

기본사항

- 어머니 사망(상속인 : 배우자 없음, 자녀 3명)
- 상속재산 : 주택 5억
- 사전증여재산 : 7년 전 토지 기준시가 30억 원 증여(3남매 12억 원, 사위·손자녀 18억 원)
  ▶ 사전증여 했던 토지는 7년 후 40억 원

구분	현재의 상황	사전증여가 없었을 경우 상속세
증여세	5억 7천만 원 - 상속인 : 1억 8천만 원 - 사위·손자녀 : 3억 9천만 원	
상속세	1억 4천만 원	15억 4천만 원
총부담세액	7억 1천만 원	15억 4천만 원

CHAPTER 08

양도소득세, 절세를 위한 필수 체크리스트

1세대 1주택 체크리스트
필수 점검 사항과 유의점

"주변에 양도소득세를 물어볼 곳이 없어요."

이런 이야기를 자주 듣는다. 양도소득세 신고서 작성이 단순한 형식적인 작업처럼 보이기 때문인지, 양도소득세 신고서 작성 비용을 깎으려는 분들이 많다. 하지만 실제로는 세무사들 중에서도 양도소득세 신고 업무를 아예 하고 싶어하지 않는 분들이 있을 정도로, 위험부담이 큰 영역이다. 충분히 이해할 수 있는 일이다.

나 역시 때로는 양도가액이 30억 원인 양도세 신고서를 50만 원에 해 달라는 요청을 받으면 정가를 말씀드리고 조용히 사양한다. 그렇게 낮은 금액으로 요청하신 분들의 신고서를 검토하다 보면 갖가지 문제점이 나오고, 일단 가격부터 낮추고 시작해 모든 책임은 세무사에게 돌리는 경우도 많다. 가장 좋은 방법은 정가대로 청구하고, 그에 맞는 책임을 다해 신고서를 성심껏 작성하는 것이다.

그렇다면 '책임을 다한다'는 건 무엇일까? 단순히 납세자의 말만 듣고 비과세로 신고하는 것이 아니라, 내가 세무조사관인 것처럼 꼼꼼히 질문하고, 필요한 서류를 통해 사실을 확인하는 과정일 것이다.

어차피 세무신고 시에는 첨부서류가 들어가야 하니까, 확인 없이 추측으로 '비과세'를 확정하는 일은 피해야 한다. 그래서 우리 세무법인에서는 〈국세청 아는형〉 채널에서 양도소득세 비과세를 주제로 유튜브를 촬영하면서 '1세대 1주택 비과세 체크리스트'를 별도로 만들었다.

체크해야 할 사항은 더 있지만, 그 중 핵심 내용을 담은 한 장만 우선 공개한다.

1세대 1주택 체크리스트

번호	질문사항	답변	확인서류
1	보유 기간 동안 국내에만 거주하였나요? (해외 여행 등 단기 체류 제외)	예, 아니오	출입국증명원
2	배우자가 있나요?	예, 아니오	가족관계증명원 주민등록등본
2-1	본인과 배우자의 직계존비속(그 배우자 포함) 및 형제자매 중 생계를 같이하는 사람이 있나요?	예, 아니오	
3	이번에 양도하는 주택 외에도 본인, 배우자, 생계를 같이 하는 가족 중 주택, 입주권, 분양권, 주거용 오피스텔, 농가주택을 또 가지고 있나요?	예, 아니오	
3-1	보유하는 주택이 다가구주택이라면 3개층 이하이고, 19세대 이하이며, 바닥면적 합계가 660평방미터 이하인가요?	예, 아니오	건축물대장
4	이번에 양도하는 주택의 소재지가 취득 당시 조정대상지역이었나요?	예, 아니오	
4-1	(주택 취득 당시 조정대상지역이었다면) 세대원 전원이 2년 이상 거주를 했나요?	예, 아니오	주민등록초본
4-2	(2년 이상 거주를 안 했다면) 주택을 취득한 후 1년 6개월 임대차계약, 상생임대계약 체결 후 2년 이상 경과, 증액제한 5% 준수했나요?	예, 아니오	임대차계약서

2 나의 세대원은 누구일까?
세대원 판단 기준

"제 나이가 40세가 넘었는데, 어머니랑 저랑 같은 세대라구요?"

당연히 독립세대라고 생각한 40세의 미혼 자녀가 부모님과 함께 살던 집을 양도했는데, 1세대 2주택으로 간주되어 비과세를 적용받지 못하는 사례가 의외로 많다. 이는 '세대'의 개념을 정확히 알지 못해 발생하는 문제다.

소득세법은 현재 1세대 1주택의 양도소득에 대해서 비과세를 적용하고 있다. 여기서 눈여겨 볼 점은 '1인 1주택'이 아닌 '1세대 1주택'이라는 점이다.

양도일 현재 본인은 1주택을 보유하고 있다 하더라도 다른 세대원이 주택을 보유하고 있다면 비과세를 적용받을 수 없다. 예를 들어, 별도 주택을 소유하고 있는 가족을 다른 세대원이라고 생각하였으나, 본인 세대원에 포함되어 비과세 적용이 배제, 부족세액 추징에 가산세까지 부과되는 경우가 종종 있다. 따라서 본인의 세대원에 누가 포함되는지를 정확히 판단하는 것이 매우 중요하다.

소득세법 제88조

6. '1세대'란 거주자 및 그 배우자가 그들과 같은 주소 또는 거소에서 생계를 같이 하는 자[거주자 및 그 배우자의 직계존비속(그 배우자를 포함한다) 및 형제자매를 말하며, 취학, 질병의 요양, 근무상 또는 사업상의 형편으로 본래의 주소 또는 거소에서 일시 퇴거한 사람을 포함한다]와 함께 구성하는 가족단위를 말한다.

위는 소득세법의 1세대 규정인데, 이를 요약하자면 다음의 요건을 모두 갖춘 사람이 본인의 동일세대원에 해당할 수 있다.

① 같은 주소에서 함께 거주하며 생계를 같이 해야 한다.
여기서 '생계를 같이한다'라는 말은 일반적으로 주민등록등본을 기준으로 판단하며, 예외적으로 같은 공간에서 생활한다 하더라도 공간분리나 생활비 분리 등이 있으면 독립세대로 보는 경우가 있다.
양도하기 전에 안전하게 독립세대를 갖추고 양도할 것을 권장한다.
② 일정한 가족관계에 해당해야 한다.
본인 및 그 배우자의 직계존비속(배우자 포함) 그리고 형제자매만이 동일세대원에 해당할 수 있고, 그 외의 자는 본인과 1세대를 구성할 수 없다. 따라서 이에 열거되지 않은 친구 또는 형제자매의 배우자는 함께 생활하더라도 동일세대를 구성하지 않는다.

다만, 다음과 같은 예외 사항도 있으니 꼼꼼히 검토해야 한다.

① 배우자는 위 요건과 관계없이 무조건 동일세대원으로 본다.
배우자는 본인과 무촌관계로서 '운명공동체'에 해당한다. 따라서 배우자의 경우 함께 거주하며 생활하는지 여부에 관계없이 동일세대원으로 본다. 심지어 위장이혼을 한 경우에도 동일세대원으로 볼 수 있다.
② 자녀는 혼인을 하지 않은 경우, 원칙적으로 부모와 별도 세대를 구성할 수 없다. 다만, 아래 법령 중 어느 하나에 해당하는 경우 별도 세대를 구성할 수 있

으며, 이 경우에도 같이 생활하지 않아야 함은 물론이다.

실무에서 각각 1주택을 보유하는 부모와 자녀가 같은 주소에서 생활하다가 양도할 때만 잠깐 주소를 이전하는 경우가 있다. 이런 경우 전후사정을 비추어 보아 실질적으로 다른 주소에서 거주한 것으로 볼 수 없다면 1세대 2주택에 해당하여 비과세가 배제될 수 있으므로 주의가 필요하다.

소득세법 시행령 제152조의3
1. 해당 거주자의 나이가 30세 이상인 경우
2. 배우자가 사망하거나 이혼한 경우
3. 소득 중 사업, 근로, 기타소득이 기준 중위소득을 12개월로 환산한 금액의 100분의 40 수준 이상으로서 소유하고 있는 주택 또는 토지를 관리·유지하면서 독립된 생계를 유지할 수 있는 경우

3 주택의 개념은 어디까지?
오피스텔·농가주택 포함 여부

"아파트만 주택에 해당하는 거 아니었나요? 오피스텔도 주택이라구요?"

실제 상담 도중, 한 고객이 놀란 표정으로 이렇게 물었다.

이분은 오래전부터 서울에 주택을 사서 거주하신 분이셨는데, 처음에 상담을 시작하기 전부터 본인은 1주택자이고, 10년 이상 보유했고, 실거주도 했다고 자신있게 말씀하셨다. 하지만 상담을 시작한 지 5분도 되지 않아 오피스텔을 보유한 사실을 알게 되었는데, 임차인이 어떤 용도로 사용하느냐고 여쭤보니 주거용으로 사용한다고 답변하셨다. 이에 나는 주거용으로 사용하는 오피스텔 역시 주택에 해당하며, 이 경우에는 명백히 2주택자에 해당한다고 설명드렸다.

이처럼 본인은 1주택자라 생각하였으나, 2주택자에 해당하는 경우가 있으므로 본인이 진정 1주택을 소유한 것이 맞는가에 대해서는 꼼꼼히 점검해볼 필요가 있다. 경우에 따라 양도소득세가 수억 원씩 차이 날 수 있기 때문이다.

주택 여부의 판정은 생각보다 간단하다. 건축물대장상의 용도에 관계 없이 실제로 주거용으로 사용하고 있다면 '주택'에 해당한다고 보면 된다.

> **소득세법 제88조**
> 7. '주택'이란 허가 여부나 공부(公簿)상의 용도구분과 관계없이 세대의 구성원이 독립된 주거생활을 할 수 있는 구조로서 사실상 주거용으로 사용하는 건물을 말한다.

4 2년 보유만으로 충분할까?
조정대상지역 거주 요건

주택 가격의 가파른 상승과 함께 양도소득세에 대한 사람들의 지식 수준 역시 상당히 높아졌다. 양도세 비과세를 적용 받으려는 경우, 해당 주택이 취득 당시 조정대상지역에 해당한다면 2년 이상 보유할 뿐만 아니라 2년 이상 거주도 해야 한다는 점은 대부분이 알고 있는 내용이다. 다만, 다음과 같은 질문을 꽤 자주 듣는다.

"거주기간이 본인뿐 아니라 세대원 전원이 같이 살아야 하는 거였나요?"

앞에서 말했듯이 주택이란 세대원 전체의 주거생활 공간이므로 거주 역시 '세대원 전원'이 거주해야 한다. 그런데 여전히 본인만 거주하면 문제가 없는 것으로 착각하시는 분들이 많다.

"취득할 때는 조정대상지역이었는데, 양도할 때는 해제됐으니, 거주를 안 해도 되는 거 아닌가요?" 이 질문도 많이 하는데, 이 역시 잘못된 이해다. 조정대상지역 여부는 '취득 시점'을 기준으로 판단하기 때문에, 양도 시점에 해제되었다고 해도 2년 거주 요건은 여전히 유효하다.

특히 2년 거주 요건은 단순히 주소지만 옮긴다고 충족되는 것이 아니라 실제 거주 사실이 확인되어야 하며, 국세청은 전기·수도 사용량, 자녀 전학 여부 등 생활 흔적까지 검증한다. 거주 요건을 무시하고 매도하면 수천만 원 이상의 세금을 더 낼 수 있으므로, 조정대상지역 주택 취득 초기부터 '거주 계획'을 세우고, 부득이하게 거주 요건을 채우지 못한다면 다른 절세 수단을 병행하는 전략이 필요하다.

5 2년 거주를 못한다면?
상생임대주택 활용법

"갭투자로 아파트를 구매해서 거주를 못 하는데, 그게 참 고민이에요."

이처럼 투자 목적으로 아파트를 취득할 때 보유 자금이 부족한 경우, 전세 제도를 적극 활용하는 것도 괜찮은 방법이다. 다만, 취득한 주택을 전세로 돌려 임대를 줄 경우, 본인이 직접 거주할 수 없어 비과세 요건을 충족하기 어렵다. 세법에서는 이러한 사람들이 적용받을 수 있는 특례 규정을 두고 있는데, 바로 '상생임대주택'이다.

아래 법령의 요건을 모두 충족한 경우, 양도세 비과세 및 연 4% 장기보유특별공제를 적용할 때 '2년' 거주요건이 면제된다. 즉, 실제로는 2년을 거주하지 않았음에도 불구하고 비과세 혜택과 고율의 장기보유특별공제를 동시에 적용받을 수 있는 것이다.

실제로 비과세 적용 받느냐와 안 받느냐의 차이는 매우 크기 때문에, 실제 거주가 어려운 사람은 이런 제도를 적극 활용하면 좋을 것 같다.

> **소득세법 시행령 제155조의3**
> 1. 직전 임대차계약 대비 임대보증금 또는 임대료의 증가율이 100분의 5를 초과하지 않는 상생임대차계약을 체결하고 임대를 개시할 것
> 2. 직전임대차계약에 따라 임대한 기간이 1년 6개월 이상일 것
> 3. 상생임대차계약에 따라 임대한 기간이 2년 이상일 것

6 일시적 2주택, 어떻게 활용할까?
절세 전략 매각 시기

"이번 달까지만 팔면 양도세 2억 원을 아낄 수 있네요. 싸게라도 구주택을 팔아야겠어요."

성동구에 아파트를 한 채 가지고 있던 지인이 약 2년 11개월 전, 이른바 강남에 '똘똘한 한 채'를 추가로 사게 되었다. 20년 전부터 가지고 있던 성동구 아파트도 많이 올랐는데, 다음 달이면 신규주택을 산 날로부터 3년이 되는 것이다.

바쁘게 살다 보니 성동구 아파트를 판다는 일이 계속 미뤄졌지만, 가까스로 신규주택을 취득한 날로부터 3년 이내 구주택을 팔아서 양도소득세 2억 원을 아낄 수 있었고, 취득세 중과세로 인한 추가과세 1억 5천만 원까지 아낄 수 있었다. 무려 3억 5천만 원의 절세 효과였다.

내가 급매로 내놓으라고 설득했고, 결국 약 8천만 원 정도 시세보다 낮게 팔긴 했지만, 절세 효과를 감안하면 실질적으로 2억 7천만 원을 아낀 셈이다.

내가 누나에게 "그 정도 열심히 일하면 1년에 얼마나 버느냐"고 물었더니, "손에 남는 건 1년에 9천만 원도 안 된다"는 대답이었다.

결국 이번 성동구 아파트로 아낀 금액은, 무려 3년 동안 피땀 흘려야 벌 수 있는 돈이었다. 세금의 기본을 아는 것이 곧 돈 버는 일이라는 사실을 다시금 실감했다.

일시적 2주택 비과세 혜택을 받기 위해서는 구주택을 취득하고 1년이 경과한 상태에서 신규주택을 취득해야 한다.

또한 신규주택을 취득한 날로부터 3년 이내에 구주택을 팔아야 하는데, 여기서

단 하루라도 경과하면 위에서 말한 3억 5천만 원의 혜택이 고스란히 날아가는 것이다.

따라서 8천만 원의 손해를 감수하고서라도 매도를 하지 않았다면 두고두고 후회할 일이다.

> **소득세법시행령 제155조 제1항(일시적 2주택 특례)**
> 다음의 요건을 충족하면 구주택 양도시 양도일 현재 신규주택 포함 2주택이어도 1주택의 양도로 본다.
> ① 구주택의 취득일로부터 1년이 경과한 후 신규주택 취득
> ② 신규주택 취득일로부터 3년 이내에 구주택의 양도

7 상속주택, 비과세 요건은?
상속주택 판정 기준

"1주택으로 양도해서 비과세를 적용받으려고 했는데, 다른 주택을 상속받아서 2주택자가 되었어요."

자주 있는 일이다. 서울 주택 가격의 수직 상승으로 인하여 양도차익이 몇십억씩 나는 경우가 있다. 이처럼 고가주택을 보유한 사람들은 대개 양도 이전부터 절세를 계획하지만, 모든 일이 계획대로만 되는 것은 아니다. 그 중 하나가 '부모님의 사망'으로 인한 상속이다.

통상 고가의 주택을 보유하신 분들은 연세가 어느 정도 있으신데, 그분들의 부모님 역시 상당히 고령이다. 종종 주택을 양도하여 비과세 적용받기 전에 부모님이 돌아가시고 주택을 상속받아서 2주택자가 되는 경우가 있다.

예전에 상담했던 한 사례에서는 양도세 비과세를 적용받느냐 안 받느냐의 따른 세액 차이가 5억 원이었다. 부모님이 돌아가신 것도 슬픈데, 원치 않던 상속 주택 때문에 세금을 5억 원이나 더 내야 한다면 눈물이 두 번 나올 수밖에 없다. 하지만

> **소득세법 시행령 제155조 제2항(상속주택 비과세)**
> 상속받은 주택과 그 밖의 주택을 국내에 각각 1개씩 소유하고 있는 1세대가 일반주택을 양도하는 경우에는 국내에 1개의 주택을 소유하고 있는 것으로 보아 1세대 1주택 비과세를 적용한다.

걱정할 필요는 없다. 세법에서는 이러한 상황을 대비해 비과세 특례 규정을 두고 있기 때문이다.

다만, 상속주택 비과세 적용에 있어서 다음과 같이 유의할 점이 있다.

① 피상속인이 2개 이상의 주택을 남기신 경우 보유기간 또는 거주기간 등에 따라 단 한 채의 주택만이 세법상 '상속주택'에 해당한다.

따라서 본인이 상속으로 인하여 1주택을 더 보유하게 되었지만, 해당 주택이 세법에서 말하는 '상속주택'이 아닌 경우 비과세를 적용받을 수 없다.

② 상속이 개시되는 시점에 별도세대여야 한다. 상속주택 비과세는 본래 1세대 1주택에 해당하여 비과세를 적용받을 수 있었으나 상속으로 인해 우연히 1세대 2주택이 된 경우에만 비과세를 적용해 주는 제도이다.

따라서 애초부터 부모님과 동일세대원에 해당하고 2주택자여서 비과세를 적용받을 수 없었다면, 해당 주택을 상속받더라도 여전히 비과세를 적용받을 수 없다.

8 혼인합가·동거봉양합가, 비과세 혜택받는 법
10년 특례 이해하기

요즘 주변을 보면, 결혼식은 올렸지만 혼인신고는 하지 않은 커플이 적지 않다. 하지만 혼인신고를 하지 않으면 혼인으로 인한 직계존속으로부터의 1억 원 증여재산공제 및 부부간 6억 원 증여재산공제 또한 적용받을 수 없다. 요즘처럼 쉽게 만나고 쉽게 헤어지는 풍속에서, 내 아들이 이런 방식으로 결혼하겠다고 한다면 나는 무조건 말리고 싶다. 하지만 그런 내 바람과는 달리, 이런 커플이 상당히 많다.

"혼인신고를 안 하는 이유가 뭐예요?"라고 물으면 돌아오는 답은 대개 비슷하다.

"혼인신고를 안 하거나 늦게 하는 게 여러모로 좋아요."

아마 대출, 세금 등에서 혼인신고를 하는 게 오히려 불이익이 있다고 판단하는 것 같다. 물론 양도소득세 계산에 있어서도 혼인신고 여부는 영향을 미친다. 예를 들어, 신랑과 신부가 각각 1주택을 보유하다가 혼인신고를 하면, 1세대 2주택자가 되어 양도소득세 비과세를 적용받을 수 없다.

이 문제는 혼인에만 국한되지 않는다. 나이 든 부모님을 모시는 데도 문제가 될 수 있는데, 부모님과 본인이 각각 1주택을 보유하다가 부모님을 모시기 위해 세대를 합치는 경우에도 1세대 2주택이 되기 때문이다.

저출산 시대에 혼인하는 사람과 노쇠한 부모님을 봉양하기 위하여 합가하는 효자·효녀에게 불이익을 준다는 것은 너무 가혹하다. 그래서 소득세법에서는 혼인 또는 부모님을 모시기 위한 합가로 인해 '1세대 2주택'이 된 경우, 최대 10년간 유예하여 '1세대 1주택'으로 인정해주는 특례 규정을 두고 있다. 그런데 이렇게 배려해주는 유예기간 10년도 짧다는 게 그들의 일관된 말이다.

그래도 알아둘 건 꼭 알아두자. 혼인합가 및 동거봉양합가 비과세 특례는 본래 1세대 1주택이었던 사람이 혼인 또는 동거봉양으로 인해 1세대 2주택이 된 경우에만 적용된다. 따라서 혼인이나 동거봉양 시점에 주택이 없거나, 이미 2주택을 보유한 경우엔 이 특례를 적용받을 수 없다.

소득세법 시행령 제155조 제5항(혼인합가 특례)

1주택을 보유하는 자가 1주택을 보유하는 자와 혼인함으로써 1세대가 2주택을 보유하게 되는 경우 혼인한 날부터 10년 이내에 먼저 양도하는 주택은 이를 1세대 1주택으로 보아 비과세를 적용한다.

소득세법 시행령 제155조 제4항(동거봉양합가 특례)

1주택을 보유하고 있는 자가 1주택을 보유하고 있는 60세 이상의 직계존속을 동거봉양하기 위하여 세대를 합친 경우 합친 날부터 10년 이내에 먼저 양도하는 주택은 이를 1세대 1주택으로 보아 비과세를 적용한다.

9 거주주택 비과세, 어떻게 적용될까?
장기임대주택 요건과 주의사항

공무원으로서 22년의 생활을 보내고, 세무사로서의 제2의 삶을 시작한 지 1년쯤 되었을 무렵이었다. 지인이자 노무사로 일하는 형님이 청담동에 거주하는 한 사모님을 소개해 주셨다. "돈이 많은 분이니까 잘해 드려. 최근 부동산을 양도하셨는데, 그 양도가액이 70억 원이야. 비과세 신고 건이니까 잘 부탁해." 신고 의뢰를 맡기며 여러 차례 신신당부하셨다.

사모님은 70억 원의 양도세 비과세 신고를 대행해주면 수수료가 얼마인지 꼼꼼히 따져 물으셨다. 지인의 소개였기에 "300만 원에 해 드리겠습니다"고 말씀드리고 신고서를 검토했다.

거주주택 비과세가 성립하기 위해서는 몇 가지 요건이 있는데, 그중 하나가 임대주택으로 등록된 임대아파트의 임대료 5% 증액제한 규정이다.

그런데 이분이 보증금을 받다가 월세로 전환하는 과정에서 5%가 아니라 30% 이상을 한 번에 인상해 버리신 것이다. 쟁점 임대차계약서를 달라고 요청드렸지만, 계속 안 주셨다. '그냥 믿고 신고할까?' 고민도 했지만, 쟁점 세액이 8억 원이라서 결국 계속 요청드린 끝에 계약서를 전달받았다. 그 계약서를 본 순간, 나는 경악을 금치 못했다.

만약 계약서를 끝까지 받지 않고 그냥 비과세로 신고했더라면?

그 뒤에 나올 가산세는 어떻게 되는 걸까?

한동안 충격에서 헤어나오지 못했다.

'300만 원 받고, 혹시라도 1억 원이 넘는 가산세가 나오면 내가 물어줘야 하나?'

'그분은 알고도 나를 시험하려고 그 신고를 의뢰한 건가?'

사람에 대한 신뢰는 무너지고, 일에 대한 회의감이 밀려왔다. 세무사라는 직업은, 그런 외줄타기를 반복하며 매 순간 신중함을 요구하는 힘든 일이다.

그래도 다행인 건 이 일에도 분명히 보람과 행복이 더 많다는 사실이다.

소득세법 시행령 제155조 제20항(거주주택 비과세)

2년 이상 거주한 거주주택을 양도할 때 다음의 요건을 갖춘 장기임대주택은 주택수 산정에서 제외된다.
① 지자체에 임대사업자등록 및 세무서에 사업자등록을 할 것
② 임대보증금 및 임대료 증가율이 5%를 초과하지 않을 것
③ 장기임대주택의 임대기간 요건을 충족할 것 (양도일 현재는 충족하지 않아도 가능하나, 양도일 후 충족하지 못한 채 임대주택 양도 시 추징 가능)

CHAPTER 09

취득세, 기본만 알아도 절세할 수 있다

 1 취득세, 무엇이 과세대상일까?
과세 항목과 부과 기준

"취득세가 왜 이렇게 비싸요?"

부모님이 양도소득세 비과세를 적용받으며 저가양도를 하는 경우, 양도소득세 부담은 크지 않는데도 취득세 부담이 더 많이 나오는 일이 있다. 아파트, 토지, 건물 등과 같은 부동산은 물론, 차량, 기계장치, 선박 등을 취득할 때도 반드시 취득세를 내야만 등기 등을 진행할 수 있다.

세무사로 개업한 초창기에 나 역시 취득세 때문에 애를 먹은 적이 있었다. 세무서에 근무할 때는 취득세를 고민할 필요가 없었기 때문이다. 하지만 실제 업무에서는 증여, 상속, 부담부증여, 저가양도 등 거의 모든 의사결정에 있어 취득세를 반드시 고려해야 한다.

고객 입장에서 하나하나 따지다 보니 자연스럽게 취득세를 알아가고, 〈국세청 아는형〉 유튜브에도 취득세 중과세나 감면에 관한 영상을 올릴 수 있었다.

그만큼 취득세는 실무와 생활에서 접할 기회가 많아, 정확한 이해가 필요하다.

> **지방세법 제6조 [취득세 편 정의]**
> '취득'이란 매매, 교환, 상속, 증여, 기부, 법인에 대한 현물출자, 건축, 개수, 공유수면의 매립, 간척에 의한 토지의 조성 등과 그 밖에 이와 유사한 취득으로서 원시취득, 승계취득 또는 유상·무상의 모든 취득을 말한다.

# 취득세 유형별 과세표준과 기본세율
상황별 계산 방식

"과세표준이랑 세율이 유형마다 달라서 헷갈리네요."

부동산을 취득하는 방식은 크게 네 가지로 나눌 수 있다. ① 원시취득, ② 유상승계취득, ③ 증여취득, ④ 상속취득. 유형에 따라 취득세 과세표준과 그 기본세율이 다르게 적용되므로, 중과세율을 이해하려면 먼저 기본세율을 정확히 알고 있어야 한다.

최근 모 구청에서 의뢰인의 원시취득 부동산 물건에 대한 취득세 조사가 나온 적이 있다. 이 과정에서 소요 비용 일부가 누락되면 과세표준이 줄어든 만큼 가산세가 부과될 수 있어, 지방세법 및 관련 유권해석을 참고해서 꼼꼼하게 검토해야 한다.

부동산 취득유형별 과세표준(지방세법 제10조의2 및 제10조의3)

구분	원시·유상취득	증여취득	상속취득
과세표준	사실상 취득가액*	시가인정액**	시가표준액

- 특수관계인 간의 거래인 경우 사실상의 취득가액을 부인하고, 시가인정액을 취득당시 가액으로 결정할 수 있다.

　*　부동산을 취득하기 위하여 소요되는 직·간접 비용
　**　시가인정액은 상속세 및 증여세법 평가규정과 비슷한 개념임, 단 시가표준이 1억 원 이하 예외

취득세 기본세율 정리(부동산계산기.com 화면캡쳐분)

주택 취득세표

주택	구분	취득가액	취득세율	농어촌특별세 (전용면적 85m² 초과만)	지방교육세
1주택자		6억 이하	1%	0.2%	0.1%
		6억 초과 9억 이하	(취득가액 X 2/3억 원 - 3) X 1/100		취득세의 1/10
		9억 초과	3%		0.3%
2주택자	조정대상지역		8%	0.6%	0.4%
	조정대상 지역 외	6억 이하	1%	0.2%	0.1%
		6억 초과 9억 이하	(취득가액 X 2/3억 원 - 3) X 1/100		취득세의 1/10
		9억 초과	3%		0.3%
3주택자	조정대상지역		12%	1%	0.4%
	조정대상지역 외		8%	0.6%	0.4%
4주택자 이상	조정대상지역		12%	1%	0.4%
	조정대상지역 외		12%	0.6%	0.4%

주택 외 취득세표

주택 외			취득세	농어촌특별세	지방교육세
주택 외 매매(토지, 건물 등)			4%	0.2%	0.4%
원시취득(신축), 상속(농지 외)			2.8%	0.2%	0.16%
무상취득(증여)			3.5%	0.2%	0.3%
농지	매매	신규	3%	0.2%	0.2%
		2년 이상 자경	1.5%		0.1%
	상속		2.3%	0.2%	0.06%

유상취득의 경우, 특수관계인 간 저가양도를 한다면 '시가'를 과세표준으로 적용해야 한다. 또한 같은 무상취득이라도 증여취득은 '시가인정액'을, 상속취득은 '시가표준액'을 과세표준으로 삼는다. 이 차이 때문에 사전증여 시 취득세 부담액이 커질 수 있다.

〈취득세 기본세율 정리〉를 보면 증여취득세율이 상속취득세율보다 약 1% 가량 높다. 따라서 증여와 상속 중 어떤 방식으로 이전할지를 결정할 때 반드시 취득세를 고려해야 한다.

부동산 취득 유형에 따라 과세표준이 다르고, 여기에 적용되는 세율도 달라진다. 취득 대상이 주택인지, 주택 외 자산인지에 따라 분류되며, 유상취득, 증여, 상속 또는 원시취득 중 어떤 방식으로 취득했는지에 따라서도 기본세율이 달라진다.

여기에 더해 조정대상지역이나 다주택자 등에 해당하면 상황에 따라 취득세 중과세가 적용될 수 있으니 이 부분도 유의해야 한다.

정확한 취득세 미리 계산하는 방법
위택스 - 지방세정보 - 지방세 미리 계산

3 취득세 중과세, 피할 방법은 없을까?
세대분리와 절세 전략

"세대분리하고 주택을 취득했다면, 취득세 중과세 안 받을 수 있었던 거네요?"

한 의뢰인의 자녀가 조정대상지역 내에서 국민주택 규모 이하 주택을 취득했다. 의뢰인 부부는 각각 1주택씩 보유하고 있었고, 자녀는 무주택자였다.

이 경우, 자녀가 주택 취득 전까지 '독립세대'로 분리되어 있었거나 취득일부터 60일 이내에 세대를 분리하였다면 조정대상 1주택으로 간주되어 3.3%의 취득세율을 적용받을 수 있었다. 하지만 세대의 개념을 잘 몰라서 조정대상지역 3주택으로 보아 12.4%의 취득세율을 부담하게 되었다.

자녀가 30세 미만이긴 해도 최저생계비 이상의 소득을 얻고 있었고, 실질적으로 독립생계가 가능한 상황이었다. 그럼에도 주민등록상 동일세대로 남아 있어 9.1%의 세율이 더해졌고, 결과적으로 1억 원에 가까운 세액을 추가 부담하게 된 것이다.

만약 세대 분리 요건을 갖췄다면 피할 수 있었던 취득세 9천만 원 이었다.

세대분리는 단순한 주소 이전이 아니라, 주민등록과 실제 거주, 생계 유지 요건까지 충족해야 한다. 이를 간과하면 절세 기회를 놓칠 뿐 아니라 세대분리 요건 불

구분 (취득가액 10억 원)	세대분리 안 했다면	세대분리 했다면
세대의 주택수	3주택	1주택
세율(국민주택 규모)	12.4%	3.3%
취득세	1억 2,400만 원	3,300만 원

충족으로 인한 가산세 위험까지 감수해야 한다. 특히 조정대상지역 내 다주택 중과세율이 높은 만큼 사전(事前) 세대 구성 전략은 절세 수단 중 하나로 꼽힌다.

지방세법 시행령 제28조의3 [세대의 기준]

① 1세대란 주택 취득일 현재 주택을 취득하는 사람과 주민등록표에 함께 기재되어 있는 가족으로 구성된 세대를 말하며 주택을 취득하는 사람의 배우자, 취득일 현재 미혼인 30세 미만의 자녀는 주택을 취득하는 사람과 같은 세대별 주민등록표 또는 등록외국인기록표등에 기재되어 있지 않더라도 1세대에 속한 것으로 본다.

② 제1항에도 불구하고 다음 각 호의 어느 하나에 해당하는 경우에는 각각 별도의 세대로 본다.

1. 부모와 같은 세대별 주민등록표에 기재되어 있지 않은 30세 미만의 자녀로서 주택 취득일이 속하는 달의 직전 12개월 동안 발생한 소득으로서 행정안전부 장관이 정하는 소득이 「국민기초생활 보장법」에 따른 기준 중위소득을 12개월로 환산한 금액의 100분의 40 이상이고, 소유하고 있는 주택을 관리·유지하면서 독립된 생계를 유지할 수 있는 경우. 다만, 미성년자인 경우는 제외한다.

4. 별도의 세대를 구성할 수 있는 사람이 주택을 취득한 날부터 60일 이내 세대를 분리하기 위하여 그 취득한 주택으로 주소지를 이전하는 경우

4 취득세 감면규정, 무엇을 알아야 할까?
생애 최초 주택 구입 및 출산·양육 주택 구입 감면 혜택

"제가 취득세 감면을 받을 수 있는 상황인가요?"

나는 법무사는 아니지만, 부동산 취득과 양도 상담을 많이 하다 보니 취득세 감면규정을 물어보시는 분들도 많았다. 그래서 이번엔 최승혁 2타강사가 정리한 취득세 감면규정을 공유해보려 한다. 부동산 취득할 때는 큰돈이 들어가는 만큼, 이 정보가 조금이라도 절세에 도움이 되기를 바란다.

구분	생애 최초 주택 구입 취득세 감면 (지방세특례제한법 제36조의3)	출산·양육 주택 구입 취득세 감면 (지방세특례제한법 제36조의5)
요건	① 본인·배우자 주택소유사실 X ② 취득 주택 12억 원 이하 ③ 감면 신청서 제출	① 출산일 전 1년 이내 출산일 후 5년 이내 주택 구입 ② 취득 주택 12억 원 이하 ③ 1가구 1주택이 되는 취득(단, 취득 후 3개월 이내 1가구 1주택이 되는 경우 포함) ④ 감면 신청서 제출
효과	① 200만 원 취득세 감면(지방교육세 포함 220만 원) - 일정한 경우, 330만 원까지 가능	① 500만 원 취득세 감면(지방교육세 포함 550만 원)
추징	① 주택 취득 3개월 이내 거주 시작하지 않은 경우 ② 주택 취득 3개월 이내 다른 주택 취득 ③ 거주 3년 미만 매각·임대 등	① 주택 취득 3개월 이내 거주 시작하지 않은 경우 ② 거주 3년 미만 매각·임대 등
적용기간	① 25.12.31까지 주택을 취득	① 24.1.1~25.12.31 출생신고 ② 24.1.1 이후 취득하는 주택

5 중과 판단에서 제외되는 주택은?
주택수 산정 예외 항목

"기존 주택이 2채 있고, 이번에 취득하는 주택이 3번째 주택이에요. 조정대상지역은 아니지만, 국민주택 규모를 초과하니 9%의 취득세를 내야 한다고 하네요."

이런 상담을 할 때면, 많은 분들이 깊은 한숨부터 내쉰다. 부동산 매매가액의 9%의 취득세를 낸다면 시작부터 너무 큰 금액이 나가기 때문이다. 그래서 이럴 때 꼭 한번 챙겨볼 것이 있다. 취득세 중과 여부 판단할 때는 주택수 산정에서 제외되는 주택들이 있다는 점이다. 예를 들어, 상속개시일부터 5년이 지나지 않은 상속주택, 소형 저가주택, 멸실 예정 주택 등 일정 요건을 충족하면 주택수에서 빠지며, 해당 여부만 확인해도 수천만 원의 세금을 절감할 수 있다. 관련 법령을 간단히 정리하면 다음과 같다.

> **지방세법시행령 제28조의2 [주택 유상거래 취득 중과세의 예외]**
> - 대표 내용만 기재해보니, 나머지 내용은 관련 법령 전문을 참고할 것
> - 주택수에는 분양권, 입주권, 주택으로 과세하는 오피스텔을 포함
>   ▶ 분양권 등이 주택수 산정에서 포함되는 건 '20.8.12. 이후 취득분
> ① 수도권 내 지역 시가표준액 1억 원 이하의 주택
> ② 공동으로 상속받은 경우, 지분율 큰사람/ 거주하는 자/ 연장자 순으로 해당자의 주택수에 산정하며, 그 외의 자의 주택수 산정에서 제외함
> ③ 상속을 원인으로 취득한 주택 등으로서 상속개시일부터 5년 미경과시
> ④ 주택수 산정일 현재 법 시가표준액 1억 원 이하인 오피스텔
> ⑤ 주택수 산정일 현재 시가표준액이 1억 원 이하인 부속토지만 소유

6 취득세에도 일시적 2주택이 있다
환급 요건과 적용 방법

"부동산을 취득할 때 9% 취득세율을 냈어요. 취득세가 너무 아까웠어요."

서초구에 25억 원짜리 아파트를 샀던 동생이 있었는데, 당시 9%의 취득세를 부담했다. 과거 성동구에 주택을 보유하고 있었기 때문에, 서초구 아파트를 살 당시에는 조정대상지역 내 2주택으로 분류되어 취득세율을 부담했던 것이다.

"성동구 주택을 파는 게 어때? 서초구 아파트를 산 날로부터 3년 이내에 팔면 여러모로 큰 혜택을 볼 수 있을 것 같은데."

양도소득세 '일시적 2주택 특례규정'이 지방세법에도 있다.

두 규정은 같은 취지로서 헌법상 보장된 거주이전의 자유를 보장해 주기 위해 신규주택을 취득한 날로부터 3년 이내 구주택을 양도하면 취득세 경정청구를 통해 낸 세금을 환급받을 수 있다. 또한 구주택(성동구 주택) 양도 당시 명목상 2주택자일지라도, 일시적 2주택 요건을 충족하면 '1주택자'로 보아 양도소득세 비과세도 적용받을 수 있다.

구분	일시적 2주택 비과세	취득세 중과 배제
규정	소득세법시행령 제155조 제1항	지방세법시행령 제28조의5
요건	① 구주택 취득일~1년 경과 후 신규주택 취득 ② 신규주택 취득~3년 이내 구주택 양도	① 신규주택 취득~3년 이내 구주택 양도
효과	다른 비과세 요건 갖추었다면 비과세 적용	취득세 중과 배제

7 유증으로 받은 주택, 세금은 얼마나 나올까?
상속 vs. 증여 차이

"주택을 유증받았는데, 취득세는 얼마나 나오나요?"

일주일 동안 취득세 문제로 고민하다가 찾아온 의뢰인이 있었다.

"본인은 상속인은 아닌데, 피상속인이 생전에 유언으로 강남에 시가 15억 원짜리 아파트를 주셨어요."

일부 재산을 유언으로 받게 되었는데, 이로 인한 취득세 부분만 잘 설명해주면 상속세 신고를 의뢰하겠다고 말씀하셨다(특별유증).

나는 이렇게 설명했다.

"상속으로 인한 취득세율은 시가표준에 3.16%이며, 취득하는 사람이 무주택자라면 0.96%의 특례 세율을 적용받을 수 있어요."

그런데 야근 중이던 막내 세무사, 3타강사 정현호 세무사가 조용히 내 옆구리를 찔렀다. 상속으로 인한 취득이라 하더라도, 상속인이 아닌 자가 받는 특별유증은 '상속'이 아니라 '증여'로 보는 규정이 있는 것이었다.

따라서 취득세 과세표준은 '시가표준액'이 아닌 '시가인정액'이 적용되고, 세율도 0.96%가 아닌, 조정대상지역 3억 원 초과 증여에 해당하는 12.4%의 취득세율을 부담하게 되는 상황이었다. 정리하자면, 취득세가 불과 5분 만에 당초 960만 원에서 1억 8,600만 원으로 바뀌었다. 무려 1억 7,640만 원이 추가로 발생한 셈이다.

이처럼 '상속'과 '증여'의 법적 구분은 단순한 명칭 차이가 아니라, 세율·과세표준까지 완전히 바꾸는 결정적 요소가 된다. 사전에 이 차이를 인지하고 계약·유언

구분	내 잘못된 판단	올바른 판단
취득원인	상속	증여
과세표준	10억 원(시가표준액)	15억 원(시가인정액)
세율	0.96%(상속, 무주택자)	12.4%(증여, 중과세)
취득세	960만 원	1억 8,600만 원

내용을 설계하면, 불필요한 세금 폭탄을 피할 수 있다.

의뢰인에게 법령 규정을 빠르게 정리해 설명드릴 수 있었지만, 순간 부끄러웠다. 부족한 대표 세무사를 위해서 항상 옆에서 최선을 다해주는 정현호 3타강사님께, 이 자리를 빌려 늘 감사하다는 말을 전하고 싶다.

지방세법 제7조 [납세의무자 등]

⑦ 상속(피상속인이 상속인에게 한 유증 및 포괄유증과 신탁재산의 상속을 포함한다)으로 인하여 취득하는 경우에는 상속인 각자가 상속받는 취득물건을 취득한 것으로 본다.
　→ 법문상, 상속인에게 한 유증만 상속에 포함됩니다.
　　 즉, 상속인 외의 자에게 한 특별유증은 증여에 포함됩니다.

지방세법 제10조의2 [무상취득의 경우 과세표준]

① 부동산 등을 무상취득하는 경우 제10조에 따른 취득 당시의 가액은 시가인정액으로 한다.

제13조의2 [법인의 주택 취득 등 중과]

② 조정대상지역에 있는 주택으로서 대통령령으로 정하는 일정가액 이상의 주택을 무상취득을 원인으로 취득하는 경우에는 제11조 제1항 제2호에도 불구하고 같은 항 제7호나목의 세율을 표준세율로 하여 해당 세율에 중과기준세율의 100분의 400을 합한 세율을 적용한다. 다만, 1세대 1주택자가 소유한 주택을 배우자 또는 직계존비속이 무상취득하는 등 대통령령으로 정하는 경우는 제외한다.

지방세법 시행령 제28조의6 [중과세 대상 무상취득 등]

① 법 제13조의2 제2항에서 "대통령령으로 정하는 일정가액 이상의 주택"이란 취득 당시 법 제4조에 따른 시가표준액이 3억 원 이상인 주택을 말함
② 법 제13조의2 제2항 단서에서 "1세대 1주택자가 소유한 주택을 배우자 또는 직계존비속이 무상취득하는 등 대통령령으로 정하는 경우"란 다음 각 호의 어느 하나에 해당하는 경우를 말한다.
　1. 1세대 1주택을 소유한 사람으로부터 해당 주택을 배우자 또는 직계존비속이 법 제11조 제1항 제2호에 따른 무상취득을 원인으로 취득하는 경우

아들은 일반세율, 며느리는 중과세?
가족 간 증여의 세금 차이

잠실에 있는 아파트를 아들에게 증여하겠다고 찾아오신 분이 있었다. 저가양도라는 방법도 있고, 부담부증여 방법도 있었지만, 깔끔하게 자녀 내외에게 증여하겠다고 하셨다. 이 분은 1세대 1주택자였고, 10년 이상 실거주 요건도 충족했기 때문에 양도한다면 양도세를 거의 안 낼 수 있는 상황이었다.

그러나 해당 아파트의 미래가치나 훗날 상속세 효과 등을 고려해서 아들 내외에게 증여하기로 결정하셨다. 부담부증여도, 저가양도도 아니었기에 적절한 감정평가만 이루어진다면 세액 계산도 어려운 일은 아니었다.

문제는 취득세였다. 위 법령 규정처럼 조정대상지역 주택이면서 시가표준이 3억 원 이상이면 원칙적으로 중과세율 적용 12.4%(국민주택규모 초과 시 13.4%)의 취득세율을 적용받아야 한다. 하지만 증여하는 자가 1세대 1주택자라면 3.8%(국민주택규모 초과 시 4.0%)의 취득세율을 적용받을 수 있다.

여기서 놓치기 쉬운 게 있다. 증여하는 사람이 1주택이면 끝나는 줄 알지만, 증여받는 사람이 배우자 또는 직계존비속일 때만 이 예외세율이 적용된다는 점이다. 직계존비속의 배우자는 여기에 해당하지 않는다.

법의 흠결이라고 생각되지만, 법은 법문대로 해석해야 하기에 아들에게는 3.8%의 세율을 적용하고, 며느리에게는 12.4%의 취득세율을 적용하는 상식적으로 이해할 수 없는 계산을 적용할 수밖에 없었다.

이 차이는 단순히 세율의 문제가 아니라, 수천만 원에서 수억 원까지 세금 격차를 만들 수 있다. 따라서 가족 간 증여를 계획할 때는 '누가' 증여를 받고 '어떤 관계'에 해당하는지가 가장 먼저 검토되어야 한다. 특히 부부 공동명의로 증여를 진행하려면, 배우자 쪽이 취득세 중과 대상인지 여부를 확인한 뒤 증여 지분을 조정하는 방식이 절세 전략의 핵심이 될 수 있다.

앞서 설명한 내용을 표로 나타내면 다음과 같다.

구분(국민주택 이하)	아들	며느리
감정평가액(30억 원)	15억 원	15억 원
증여공제	5천만 원	1천만 원
증여과세표준	14억 5천만 원	14억 9천만 원
세율	40%	40%
누진공제	1억 6천만 원	1억 6천만 원
산출세액	4억 2천만 원	4억 3,600만 원
신고세액공제	1,260만 원	1,308만 원
납부할증여세	4억 740만 원	4억 2,292만 원
취득세율	3.8%	12.4%
취득세	5,700만 원	1억 8,600만 원
총납부세액	4억 6,440만 원	6억 892만 원

CHAPTER 10

세무조사, 언제 나올까?

1 상속세 세무조사는 어떤 경우에 나올까?
조사대상 선정부터 조사 통지, 진행 절차까지

상속이 개시되면, 상속개시일이 속하는 월의 말일로부터 6개월 이내 상속세 신고를 하고 납부해야 한다. 물론 연부연납*을 신청하게 되면 최대 10년간 나눠낼 수 있다.

세무서는 원칙적으로 신고기한으로부터 9개월 이내에 상속세를 결정하고, 그 결과를 납세자에게 통지하는 것이 원칙이다. 결정의 과정에서 관할 세무서 재산세과 신고팀이 신고서를 먼저 검토하고, 재산가액이 일정 금액 이상이면 각 지방국세청으로 이관되기도 하며, 같은 세무서 내 조사팀으로 이관되기도 한다.

> **연부연납:** 한 번에 세금을 다 못 낼 때, 몇 년에 걸쳐 나눠서 내도록 허락해주는 제도.
>
> **조사사전통지서:** 세무서나 국세청이 세무조사 전에 납세자에게 보내는 공식 안내문. 조사 20일 전 발송돼 준비할 시간을 주는 역할.

세무서 재산신고팀, 재산조사팀, 각 지방청 재산조사 관할 국에서 각각 검토한 후, 일정 금액 이상인 경우나 일정 금액 이하라도 별도로 조사 실익이 있다고 판단되면 조사대상으로 분류된다.

이렇게 분류된 조사대상자에게는 '조사시기 선택제' 공문이 발송된다. 해당 공문을 수신한 상속인들이 조사시기를 별도로 희망하면 가급적 원하는 시기에 조사에 착수한다. 조사 없이 신고서 검토 단계에서 결정되는 경우도 있다. 그런 경우에는 상속세 결정통지를 상속인에게 해준다. 그렇지 않으면 조사 착수 20일 전까지 상속인 모두에게 등기우편물로 '조사사전통지서*'를 발송한다.

상속인들은 청렴서약서와 수령증을 작성해 세무서에 제출해야 하며, 이 과정에서 세무사를 선정했다면 위임장을 작성해야 한다. 이런 과정을 거쳐, 통상 70~80일간의 긴 세무조사가 시작된다.

조사가 시작되면?

일단 20일 정도는 조용하다. 그 기간 동안 세무서는 피상속인 및 상속인들의 최근 10년간 계좌 거래내역을 조회하고, 그 조회 내용에 대해서 소명요구를 한다. 그 외에도 부동산 등 상속재산의 평가, 공제금액, 사전증여 누락여부에 대한 내부조사를 하고, 해당 내용에 대해 소명요구를 한다. 세무조사가 잘 끝나길 빌어본다.

상속세 및 증여세법 제76조 (결정·경정)

③ 세무서장 등은 제1항에 따른 신고를 받은 날부터 대통령령으로 정하는 기간 이내에 과세표준과 세액을 결정하여야 한다. 다만, 상속재산 또는 증여재산의 조사, 가액의 평가 등에 장기간이 걸리는 등 부득이한 사유가 있어 그 기간 이내에 결정할 수 없는 경우에는 그 사유를 상속인·수유자 또는 수증자에게 알려야 한다.

상속세 및 증여세법 시행령 제78조(결정·경정)

① 법 제76조 제3항의 규정에 의한 법정 결정기한은 다음 각호의 1에 의한다.
   1. 상속세법 제67조의 규정에 의한 상속세 과세표준 신고기한부터 9개월
   2. 증여세법 제68조의 규정에 의한 증여세 과세표준 신고기한부터 6개월

상속세 및 증여세 사무처리규정 제49조(결정의 통지)

① 지방국세청장 또는 세무서장은 다음 각 호의 구분에 따라 상속세의 경우에는 상속인(상속인 모두를 말한다)과 수유자 또는 납세관리인에게 결정 통지를 하고, 증여세의 경우에는 수증자에게 결정 통지를 하여야 한다.
  1. 고지세액이 있는 경우
    가. 상속세: 납세고지서, 「상속세 과세표준 및 세액 계산내용 통지(별지 제9호 서식)」, 「상속인 또는 수유자별 납부할 상속세액 및 연대납세의무자 통지(별지 제10호 서식)」, 「재산평가명세서(별지 제10호의3 서식)」
    나. 증여세: 납세고지서, 「증여세 과세표준 및 세액 계산내용 통지(별지 제16호 서식)」, 「재산평가명세서(별지 제10호의3 서식)」 단, 법 제4조의2제6항에 따라 증여세 연대납세의무자에게 고지하는 경우에는 「증여세 연대납세의무자 통지(별지 제10호의2 서식)」를 함께 통지
  2. 고지세액이 없는 경우
    상속세 및 증여세 과세표준신고서를 제출한 자에 대하여 「상속세 결정통지(별지 제8호 서식)」 또는 「증여세 결정통지(별지 제15호 서식)」

② 지방국세청장(조사국장) 또는 세무서장(재산제세 담당과장)은 상속세 및 증여세 신고자에 대해 법정결정기한까지 결정할 수 없는 경우에는 결정지연 사유를 「상속세·증여세 결정지연통지서(시행규칙 별지 제15호 서식)」로 상속인(수유자) 또는 납세관리인과 수증자에게 통지하여야 한다.

② 나도 자금출처조사가 나올까?
자금조달 유형별 위험도와 점검 포인트

"저의 경우에도 자금출처조사가 나올까요?"

자금조달계획서를 작성하기 전, 이런 질문을 많이 하신다. 그럴 때 나는, 취득하고자 하는 부동산 대비 자금조달계획서 내용을 검토한 후, 세 가지 유형으로 분류해 설명드린다.

구분	위험도	주요 내용	사후관리 사항
1유형	하	차용증, 사전증여	증여세 신고, 차용증 작성, 원금 상환
2유형	중	과거 증여	현재의 자금조달계획서 완벽 작성
3유형	상	사업소득 누락	조사가 안 나와야 함

만약, 상담자가 1유형에 해당한다면, 이렇게 대답한다.

"사전증여를 적절하게 진행하세요. 그리고 증여세 신고와 차용증을 잘 작성하시고, 훗날 세무조사가 나올 걸 대비해서 원금(이자가 있다면 이자도)을 꾸준히 상환해 나가시면, 조사가 나온다 해도 큰 문제 없을 듯합니다."

이렇게 해도 세무조사가 나온 경우가 적지 않으므로 세무조사가 안 나온다고 단정할 수는 없다. 예를 들어, 6억 원도 안 되는 부동산을 취득했는데 자금출처의 대부분이 은행 대출과 부모 차용금임에도 불구하고 조사를 받은 사례가 있다. 결국 중요한 건 '세무조사가 나올 가능성' 자체가 아니라는 것이다. 그 가능성이 단 1%

라도, 그 1%가 '나'일 수도 있기 때문이다.

상담자 중 2유형은 과거 부동산을 취득하거나 임대보증금을 납입할 때, 증여세 신고 없이 부모님 지원을 받은 경우가 많다. 자금조달계획서를 작성하면서, 과거 부동산 매각자금이 다시 들춰질까봐 걱정한다. 내가 본 사례에서는 8년 전 부동산 자금출처조사를 실시한 적이 있다. 이렇게 이야기하면 어떤 분은 "겁주시는 거 아니에요?"라고 말한다. 그러나 "8년 전 건에 대해서는 조사가 나오지 않습니다"라고 말하는 것은 무책임한 일이고, 실제로 조사 사례도 적지 않다.

세법상 최대 15년 전까지 조사가 가능하다는 점을 생각하면, 2유형도 안심할 수 없고 현재의 자금조달계획서를 완벽하게 작성하는 게 지금의 할 일이다.

이렇게 말하면 '완벽하게 작성한다는 게 무슨 뜻인가요?'라고 묻는다. 그건 부모님 찬스를 또 사용하지 말라는 의미다. 자금출처가 부족하다면 대출을 받거나, 이번에는 적당한 증여를 받고 신고하라는 것이다.

여기서 차용증을 다시 쓰거나, 몰래 부모님 찬스를 사용한다면, 이는 조사를 재촉하는 길이라고 생각한다.

상담자 3유형은 신고된 소득은 없는데, 통장에는 현금이 많고 고가의 부동산을 취득하고 싶어하는 분들이다. 신고된 소득이 없으면 대출도 많이 받을 수 없는 현실이기에, 사실상 고액 부동산 취득이 어렵다.

이런 분들에게는 다음과 같은 전략을 권유한다.

① 양가 부모님으로부터 최대한 증여 받기(증여공제 한도를 초과하더라도)
② 받을 수 있는 대출은 모두 활용하기
③ 신고된 소득에서 신용카드 사용액을 뺀 금액을 한도로 예금 활용하기

이렇게 설명하면 "이렇게까지 해야 해? 내 돈 내가 쓰는데?"라는 반응이 돌아온다. 물론 돈을 쓰는 건 자유지만, 부동산을 취득할 때는 각별히 조심해야 한다.

자금출처조사가 시작되면 어떻게 될까?

조사대상 기간 내의 모든 통장이 공개된다. 내가 사업자등록이 되어 있다면, 그 사업장에 대한 세무조사로 이어질 수 있다. 만약 증여해 준 사람이 가족이라면, 가족 연결계좌도 함께 조사될 수 있다. 결국 가장 확실한 절세 전략은, 애초에 세무조사를 받지 않는 것이다. 너무 당연한 말이지만, 이 기본이 가장 중요하다.

3 양도세 조사는 왜, 언제 나오는 걸까?
조사 시점, 원인, 그리고 불복 절차까지

"세무사님. 양도세 조사 사전통지서가 나왔어요. 이게 왜 나온 거에요?"

내가 직접 신고한 건이 아님에도, 세무조사 통지서를 받고 나를 찾아오는 건이 종종 있다. 부동산을 양도하면, 양도일이 속하는 월의 말일로부터 2개월 이내 예정신고를 해야 한다. 그러면 약 2개월 이내 세무서에서는 신고서 검토를 실시한다. 이 과정에서 신고서가 적정한 것으로 끝나는 경우가 대부분이다.

그러나 신고서 내용에 오류가 있거나 사실관계 판단이 필요한 경우에는 조사대상으로 선정될 수 있다. 조사가 곧바로 시작되는 것은 아니다. 1년 이내일 수도 있지만, 최대 5년 이내에도 나올 수 있다. 만약 사기·기타 부정한 행위가 있었다면 최대 10년까지도 조사가 가능하다.

그렇다면, 왜 5년이나 지나서 조사가 나오는 걸까?

첫째, 단순히 조사 건수가 많았을 수도 있다.

둘째, 조사 여부를 오랜 기간 내부적으로 검토하다가 결정이 늦어졌을 수도 있다.

셋째, 한 번 종결된 건이라도 내부 재검토를 통해 다시 조사대상으로 선정되는 경우도 있다.

또한, 국세청 내부감사 및 감사원 등 외부감사를 통해 사후지적된 내용에 대한 세무조사가 실시될 수도 있다. 이런 경우 담당 직원들도 매우 난감해하며 신분상의 조치를 당하는 경우도 있다.

이렇듯 국세부과 제척기간이 완전히 경과하기 전까지는 한마디로 안심할 수 없다.

이렇게 조사 시기가 예상보다 늦어지면, 많은 납세자들이 세무공무원에게 불만을 표한다. 하지만, 세무공무원에게 화를 내는 것은 바람직하지 않다. 조사가 시작되기 전에 우리는 성실하게 수정신고할 기회가 충분히 있었다. 억울하면 조용히 조사대응을 잘하면 된다. 그리고 납세자에게는 '불복'이라는 기회가 있다. 납세자는 과세적부심청구, 이의신청, 심사청구, 심판청구라는 절차 중에 한 번만 이기면 과세가 취소된다.

만약 세무서가 위 과정에서 이긴다 해도 납세자는 다음 심급을 이용해서 재도전할 수 있으니, 납세자에게 유리한 구조이다. 물론, 불복 과정에서 세무서를 이기기는 쉽지 않다. 따라서 조사 과정에서 필요한 내용이 있다면 충분히 어필해야 하며, '왜 이제야 조사가 나왔느냐'고 따질 시간에 조사대응을 잘 하실 것을 권하고 싶다.

4 국세청 직원은 왜 이렇게 열심일까?
조사공무원에 대한 오해와 열심히 조사하는 진짜 이유

"세무공무원들은 추징을 많이 하면 상금이 나와요? 왜 이렇게 열심히 조사를 해요?" 이런 질문을 많이 듣는다.

조사 세무공무원과 관련된 오해들을 몇 개 언급하면 다음과 같다.

질문	진실 혹은 거짓
① 조사 추징을 많이 하면 포상금을 받는다?	거짓
② 세수가 모자라면 조사를 더 많이 한다?	거짓
③ 조사 추징을 많이 하면 승진을 한다?	거짓

최근 한 유튜브 영상이 화제가 된 바 있다.

"5월부터 국세기본법 개정으로 포상금 규정이 바뀌면서, 세무조사가 더 엄격해질 것이다"라는 내용이었고, 하루 만에 조회수가 100만 뷰를 넘었다. 나 역시 며칠 전 이 영상을 확인했다.

영상의 핵심 내용은 다음과 같았다.

① 세무조사에 포상금 동기가 생겼다.
② 앞으로 세무조사가 더 강화될 수 있다.

> **국세기본법시행령 제65조의5(세무공무원에 대한 포상금 지급)**
> ① 법 제84조의3에 따라 국세청장은 다음 각 호의 어느 하나에 해당하는 세무공무원에게 포상금을 지급할 수 있다.
>   1. **체납 또는 세원관리 업무**를 수행하여 은닉재산, 부당 세액공제 금액 등의 확인을 통해 국세의 부과·징수에 기여한 자
>   2. 국세청 소관 **소송업무**를 수행한 결과 해당 소송에 대하여 국세청의 최종 승소판결 확정에 기여한 자
> ② 국세청장은 제1항에 따른 포상금액을 제1항 제1호의 자가 부과·징수한 금액 또는 제1항 제2호의 자가 승소한 금액의 100분의 10 이내 범위(포상금액이 300만 원 미만인 경우 제외)에서 정할 수 있으며, 해당 세무공무원을 기준으로 연간 2천만 원을 한도로 한다.
> ③ 제1항 및 제2항에서 규정한 사항 외에 징수 및 승소한 금액별 포상금의 지급 범위, 포상금액을 지급하는 절차 등에 관하여 필요한 세부적인 사항은 국세청장이 정한다.

하지만 실제로 관련 세법 개정안을 살펴보면, 해당 주장은 사실과 다르다.

개정안 어디에도 '조사업무'가 포상금 지급 대상에 포함된다는 조항은 없다. 포상금 대상 업무는 체납징수, 세원관리, 소송업무 등에 국한된다. 즉, 세무조사를 많이 해서 추징을 한다고 해도, 포상금을 받을 법적 근거는 존재하지 않는다. 설령 조사업무에 일부 포상금이 책정된다 하더라도, 현실적으로는 국가 예산을 확보하기 어렵다. 타 부처 공무원들의 이해관계, 조직 간 갈등 등을 고려하면, 조사업무 예산은 우선순위에서 밀릴 가능성이 크다.

가사 조사업무에 예산이 배정된다 해도, 실제로 조사공무원들에게 분배될 금액은 매우 제한적일 것이며, 그것도 상위 1% 정도에도 못 미칠 것이다.

이런 세법개정안은 오히려 국세공무원들의 사기를 떨어뜨린다. 실제로 이런 개정

안에 대해 내부 조사공무원들에게 물어보면, 대부분 잘 알지도 못하고 관심도 없다.

또 다른 대표적인 오해로는 "세수가 부족하면 조사를 많이 한다.", "세금을 더 걷기 위해 세무조사를 엄격하게 한다."가 있는데, 이 또한 사실이 아니다.

국세청은 국정감사를 받기 때문에 1년에 할 수 있는 조사 건수를 정해 놓는다. 따라서, 갑자기 조사 건수를 늘릴 수 없다.

만약 작년에 비해 올해 조사 건수가 늘었다면, 국정감사장에서 국회의원들의 질타를 피할 수 없을 것이다. 무분별한 조사 확대는 곧 정치적 부담으로 이어질 수 있기 때문이다.

또 하나, "세액을 마음대로 많이 걷는다."는 주장도 오해다. 납세자에게는 불복 제도가 있고, 만약 불복에서 패소할 경우 담당자는 승진이 아니라 '하향전보(비선호세무서 및 비선호과 전출) 및 징계'가 기다리고 있다.

그렇다면 조사공무원들이 엄정하게 조사하는 이유는 뭘까?

22년의 내 경험에 비추어 볼 때, 그들을 열심히 움직이게 하는 건 자긍심과 감사에 대한 부담이다. 국세공무원들은 2년에 한번씩 내부감사를 받아야 하고, 수시로 감사원 감사 등에 노출되어 있다. 세금은 곧 돈이고, 늦게 적발되면 '세수일실'로 이어져 승진 등에서 크게 뒤쳐질 수 있다. 결국 자신을 보호하기 위한 행동이 엄정함으로 나타나는 것이다. 국세공무원들에 대한 오해를 줄이는 데 도움이 되었으면 좋겠다.

⑤ 세무조사, 어떻게 대응해야 할까?
조사 중 말과 행동, 꼭 주의할 점

"세무조사가 나왔는데, 잠이 안 와요."

세무조사 통지서를 받았을 때의 모습은 대부분 비슷하다. 혼란과 불안, 걱정이 뒤엉킨다. 마치 'X 마려운 강아지'처럼 어쩔 줄 몰라 한다. 잠을 이루지 못 하고, 한숨을 쉬고, 술에 의지하거나, 체중이 빠지기도 한다. 누군가에게 털어놓기도 하고, 여러 세무사를 찾아다니기도 한다.

과연 이 세무조사는 어떻게 끝날까? 조사대상이지만 특별한 탈루 혐의가 없는 사람에겐 별일이 아닐 수 있다. 반면, 조사 결과 수천만 원의 세금이 추징되는 사람에게는 진짜 '큰일'이 된다.

그래서 내가 22년간 겪은 경험과, 〈국세청 아는형〉 유튜브에서도 언급된 내용을 기준으로 '세무조사에 잘 대응하는 세 가지 방법'을 제시해 본다.

① 세무조사가 나온 사실을 여기저기 말하지 말 것

걱정된 마음에 주변에 이야기하는 경우가 많지만, 진심으로 걱정해주는 사람은 드물다. 게다가 조사 공무원과 연결된 누군가에게 이야기될 경우, 오히려 조사가 더 엄격해질 수 있다.

조사 사실을 아는 사람이 많아질수록, 조사 공무원 입장에서는 더 꼼꼼히 볼 수밖에 없다.

② 세무조사가 나온 이유를 정확히 파악할 것

"전산성실도 분석상 소득률 저조*, 장기미조사*, 세금탈루의 명백한 혐의" 이런 형식적인 조사 사유 외에 미리 분석된 혐의가 있을 텐데, 일반인들은 알기 어렵다.

그렇다면 어떻게 알아야 할까?

세무조사 관련 해명요구서를 보면, 이 조사를 나온 진짜 이유를 알 수 있다. 그 내용이 정말 나에게 아픈 내용인지, 그로 인한 세금이 얼마이고, 그 위기를 어떻게 해결해 나가야 하는지 파악하는 것이 중요하다.

> **전산성실도 분석상 소득률 저조:** 국세청 전산에 등록된 자료를 기준으로 보면, 신고된 소득 수준이 업종 평균보다 비슷한 규모의 다른 사람들보다 낮다는 의미이다.
>
> **장기미조사:** 장기간동안 조사를 하지 않은 경우, 조사대상으로 선정될 수 있다.

③ 세무조사가 종료될 때까지 신중하게 대응할 것

세무조사는 결과통지서가 나올 때까지 끝난 게 아니다. 현명하게 대응하지 않으면 조사 기간이 연장될 수도, 조사 범위가 확대될 수도, 조세범칙조사로 전환될 수도 있는 법이니깐 소명자료 제출 과정에서 말 한마디도 조심해야 한다. 실제로 국세공무원들이 '툭' 던지는 질문에 대표자가 어떻게 대답하느냐에 따라 세금이 수천만 원 더 늘어난 사례도 있다.

특히 조사 과정에서 "잘 모르겠다"는 말을 습관처럼 반복하는 것도 위험하다. 모른다고 답하면 조사관이 관련 자료를 더 깊게 파고들어 오히려 불리해질 수 있다. 차라리 정확한 사실관계를 확인한 뒤, 공식 서면으로 답변하는 것이 안전하다. 또한 자료 제출 시 '있을 법한 모든 자료'를 한꺼번에 내는 것은 피해야 한다. 불필요한 자료까지 제출하면 새로운 쟁점이 발생해 조사 범위가 넓어질 수 있다.

조사관과의 대화는 가급적 짧고 명확하게, 그리고 감정이 섞이지 않도록 하는 것이 핵심이다. 순간적인 불만 표출이나 농담이 불필요한 오해를 살 수 있다.

마지막으로, 조사의 달인이었던 국세청 선배님의 말씀이 생각난다.

"조사는 말이지, 하나의 예술이야."

CHAPTER

11

국세청 홈택스 100% 활용하기

1. 10년 이내 다른 증여, 어떻게 확인할까?
과거 증여 내역 조회 방법

"제가 증여를 받은 것 같은데, 언제였는지 기억이 안 나요."

직계존비속 간에는 10년 내 5천만 원까지 증여공제를 받을 수 있다. 그래서 많은 분들이 이 공제를 활용해 증여를 계획하지만, 문제는 과거 10년 이내 증여를 받았는지 안 받았는지를 기억하지 못하는 경우가 있다는 점이다. 사실 나 역시 그런 실수를 한 적이 있다.

2013년 가을, 유치원생 아이를 돌보면서 틈틈이 세무사 공부를 하던 시절이었다. 그때 어머니가 아버지로부터 약 6억 원을 증여받고, 증여세 신고를 부탁하셨다. 나는 증여공제 6억 원을 활용해서 세금 없이 증여세 신고를 마쳤다. 그런데 며칠 뒤, 관할 세무서인 강서세무서로부터 과세예고통지서*가 날아왔다.

> **과세예고통지서**: 세금을 추가로 부과할 사유가 발견되면, 곧바로 세금을 고지하지 않고 먼저 과세예고통지서를 보내 그 내용을 알린다.

알고 보니, 아버지가 어머니에게 약 6천만 원 상당의 오피스텔을 9년 6개월 전에 증여했다는 사실이 있었던 것이다. 그로 인해 다음과 같은 증여세가 발생했다.

"그 세금은 누가 냈을까?"

그 당시 가산세만 108만 원. 내 실수로 인해 생긴 이 세금이 너무 죄송해서, 내가 대신 내드리고 싶었다. 하지만 그때의 나는 소득이 없었기 때문에, 결국 세금 전부를 어머니가 내셨다.

구분	당초 신고	결정 내용
증여재산가액	6억 원	6억 원
사전증여재산	-	6천만 원
증여공제	6억 원	6억 원
과세표준	0원	6천만 원
세율	-	10%
산출세액	0원	600만 원
신고불성실	-	60만 원
납부지연	-	48만 원
고지세액	0원	708만 원

부끄러운 일이지만, 굳이 이 이야기를 꺼내는 이유는 이 책을 여기까지 읽으신 독자들께 꼭 전하고 싶은 조언이 있기 때문이다.

"과거 증여 이력, 반드시 다시 한 번 확인하시라."

10년 전 일이라 해도 세무서는 과거의 기록을 근거로 세금을 부과할 수 있다. 한 번의 확인이 수천만 원을 아끼는 지름길이 될 수 있다. 그래서 과거 증여 이력을 사전에 확인하는 것이 필수다. 작은 실수 하나가 수천만 원의 세금 차이를 만들 수도 있기 때문이다.

이제 국세청 홈택스 화면을 보며, 순서대로 따라해보자.

① 다음 화면에서 간편인증 등을 통해서 본인인증을 해야 한다.

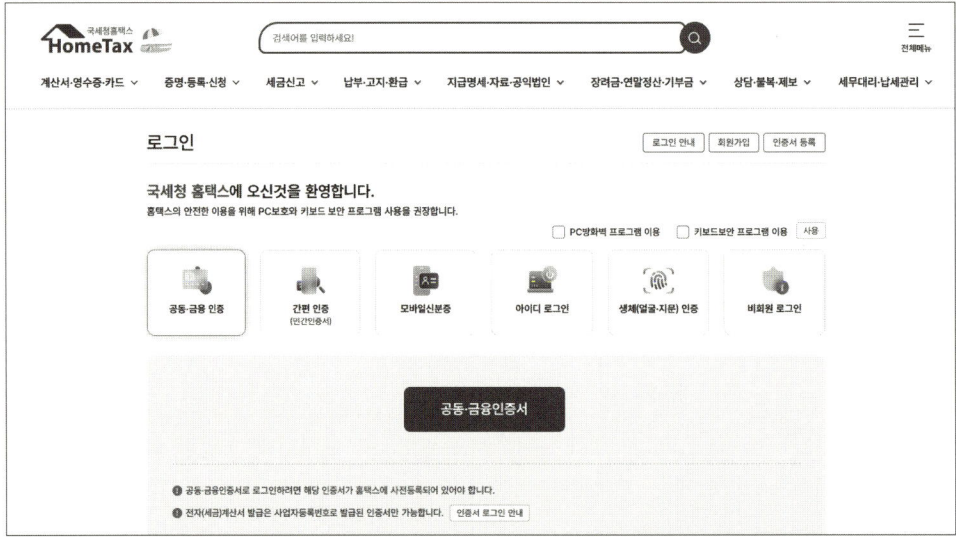

② 세금신고 - 증여세 신고 - 신고도움 자료 조회 - 증여세 결정정보 조회 클릭

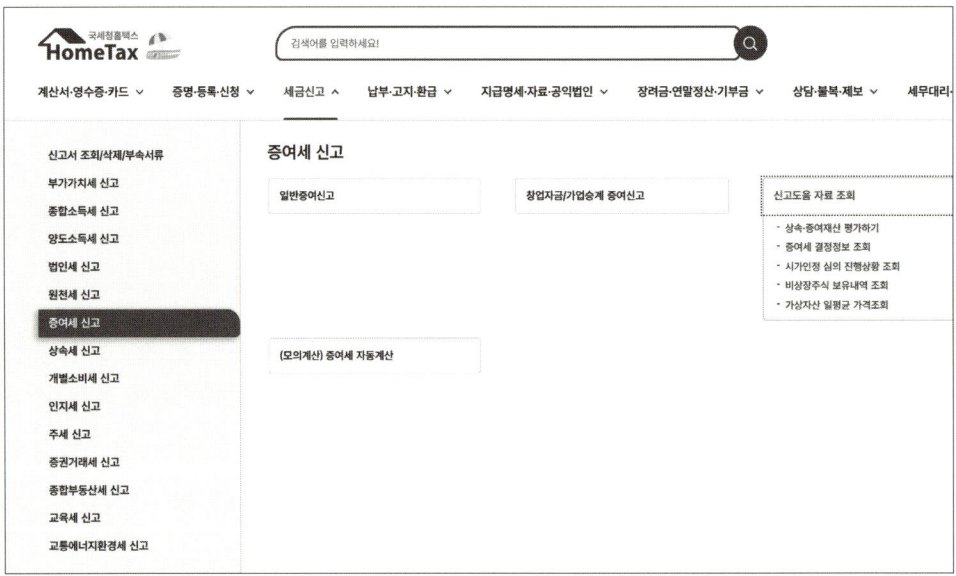

❸ 조회기준일 입력 후 조회 – 선택 체크 – 상세 증여재산 조회 클릭

홈택스에서 〈증여세 결정정보 조회〉를 통해 '증여세 과거 신고 내역'을 조회하면, 내가 10년 이내에 받은 증여가 있는지 바로 확인할 수 있다. 조회 기록이 있다면 해당 증여일과 금액, 증여자 정보를 꼼꼼히 기록해두자. 그래야 이번 증여 계획 시 공제 한도와 세율을 정확히 계산할 수 있다.

마지막으로 세금은 '몰랐다'는 이유로 면제되지 않는다. 조회 절차를 생활 습관처럼 해두면 세금 폭탄을 맞는 일을 미리 막을 수 있다.

② 증여세 신고, 직접 할 수 있을까?
홈택스 정기신고 따라 하기

"증여세 신고를 직접 할 수 있나요?"

국세청 홈택스를 이용하면 누구나 증여세 신고를 직접 할 수 있다. 특히 〈국세청 아는형〉 유튜브 채널의 '31세까지 3억 원 증여하기' 영상을 실천하려면, 증여할 때마다 증여세 신고를 해두는 게 좋다. 굳이 비용을 들여 세무사에게 맡기지 않아도 된다. 증여세 신고는 증여일이 속하는 달의 말일로부터 3개월 이내에 신고해야 하며, 만약 그 기한을 넘겼더라도 '기한 후 신고'가 가능하다. 산출세액이 없으면 기한 후 신고를 하더라도 가산세가 부과되지 않으므로 부담가질 필요는 없다.

이때 첨부해야 하는 서류는 다음과 같다.

① 가족관계증명원
② 입금증(통장 사본)

가족관계증명원은 첨부하지 않는다고 하더라도 담당 공무원이 조회해서 처리할 수는 있을 것이다. 그러나 입금증을 첨부하지 않는다면 수증인 또는 증여인이 세무서로부터 불필요한 전화를 받을 수 있다.

따라서, 홈택스에서 전자신고를 한 후에, 첨부서류를 반드시 업로드하는 것을 잊지 말기 바란다.

이제부터는 국세청 홈택스 화면을 보며 신고 과정을 한번 따라 해보자.

① 다음 화면에서 간편인증 등을 통해서 본인인증을 해야 한다.
② 세금신고 – 증여세 신고 – 일반증여신고 – 정기신고 클릭
   10년 이내 다른 증여가 있는지 체크를 위해서 정기신고를 권장한다.

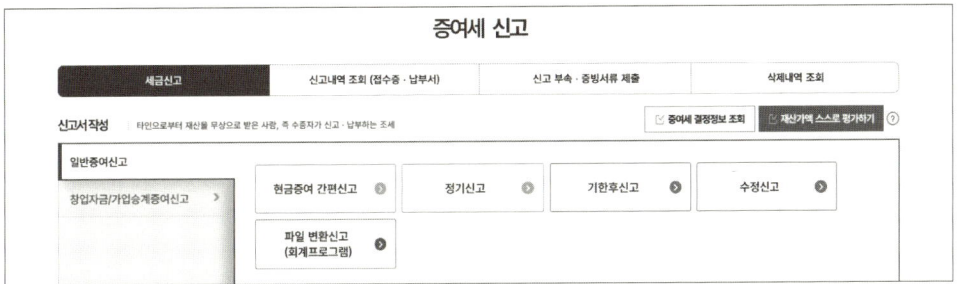

③ 증여자는 개인을 선택하고 주민등록번호를 입력 후 확인, 수증자의 주민등록번호 옆 확인 클릭하면, 수증자의 주소까지 자동으로 반영된다. 전화번호를 넣고 증여자와의 관계를 넣고, 미성년자, 비거주자, 세대생략 증여 해당 여부 체크한다.

④ 증여재산 목록에서 추가입력 클릭

증여재산 구분에서 일반 재산 – 일반 선택, 증여재산의 종류에서 현금 등 체크, 평가방법에서 현금 등 시가 체크, 평가가액 입력 후 등록하기 클릭

⑤ 만약 동일인 증여재산 조회를 눌렀을 때 해당이 있다면 다음 팝업이 뜬다.

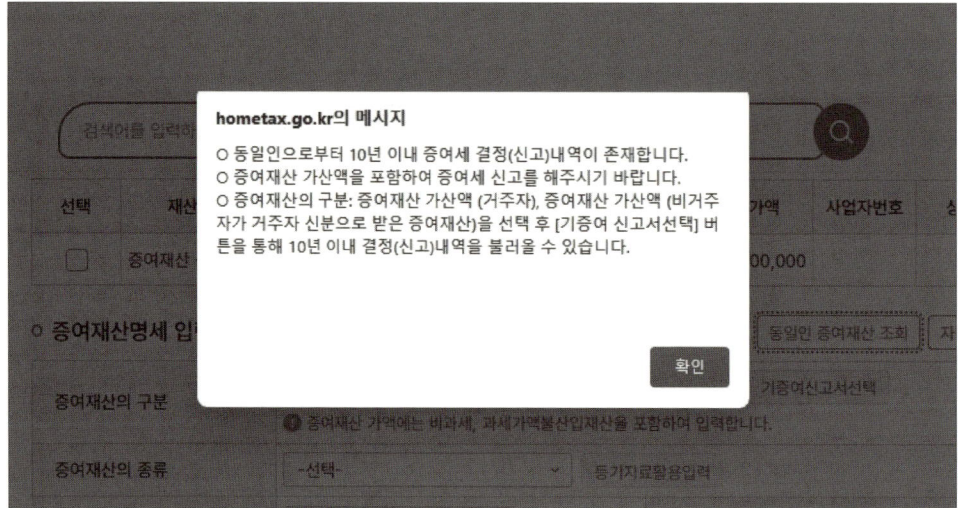

⑥ 10년 이내에 동일인으로부터 다른 증여가 있다면 증여재산가산을 체크, 해당 재산의 종류 평가방법 가액 등을 입력하여 등록한 뒤 저장하고 다음으로 이동한다.

⑦ 증여자 – 수증자별 관계에 따라 증여공제 금액을 체크, 신고세액공제 3% 반영 여부 또한 확인 후 저장 후 다음 클릭

⑧ 다음 화면에서 제출하기 클릭하면 신고서가 제출된다.

⑨ 증여세 신고 후 신고내역 조회를 클릭하면 접수증 조회가 가능하고 납부서 출력이 가능하다. 이때 납부방법은 세액이 1천만 원이 넘으면 2개월 분납이 가능하고, 2천만 원이 넘으면 연부연납도 가능하다.

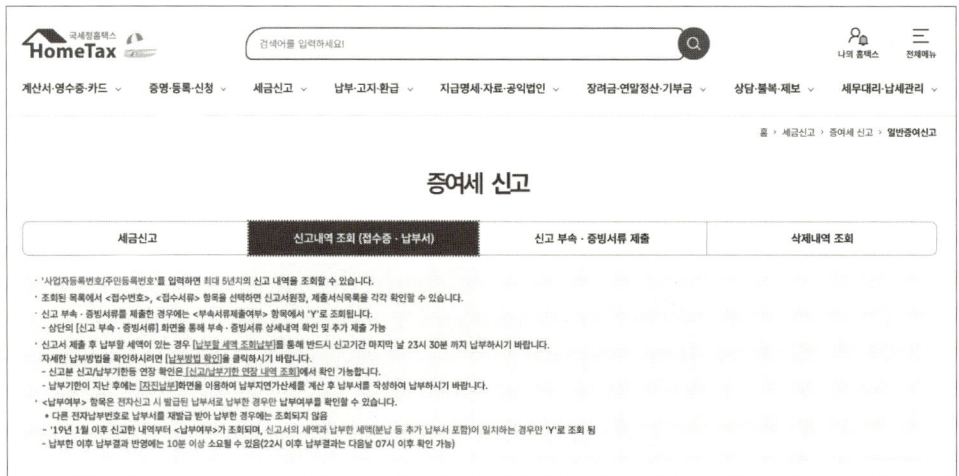

⑩ 신고가 끝나고 납부서 출력도 마쳤다면 신고 부속·증빙서류 제출 기능을 클릭하면 신고첨부서류 제출이 가능하다. 여기서 미리 PDF로 준비된 가족관계증명원 및 입금증(통장 사본) 등을 제출하면 모든 신고서 제출이 완료된다.

3 우리 아파트 가치는 얼마일까?
유사 매매사례가액 조회법

"유사 매매사례가액이 얼마에요?"

상속세, 증여세 관련 문의를 오시는 분들이 많이 궁금해하는 것 중 하나는, 우리 아파트의 유사 매매사례가액이 얼마냐는 점이다.

어떤 분들은 '네이버 시세'를 참고하시고, 또 어떤 분들은 '국토교통부 시세'를 참고하시는데, 모두 정확하다고 보기 어렵다. 사실 가장 정확한 것은 국세청 홈택스에서 조회하는 방법이다. 해당 화면에서는, 내가 증여(상속)받는 아파트와 같은 단지 내에, 면적과 기준시가 모두 5% 이내인 거래 사례를 찾아준다. 단, 이것도 단점이 있다.

실제 거래되고 해당 내용이 업데이트되는 데 시간이 걸린다는 것이다. 실시간보다 약 2개월 늦게 반영된다는 치명적인 단점이 있다. 그래서 불안한 마음에 감정평가를 받는 분들도 많고, 정확하게 확인하려고 인근 중개사무소를 직접 찾아다니며, 실제 거래가액을 손수 확인해야 하는 어려움이 있다.

"홈택스에서 조회했는데 당시에 안 나왔어요."라고 얘기하면서 납부지연가산세의 감면 정당 사유라고 주장하시는 분들이 있다.

그러나, 그건 정당한 사유가 될 수 없고 신고불성실가산세는 면제되지만 납부지연가산세는 부과 대상이다.

① 간편인증 등을 통해서 본인인증을 해야 한다.
② 세금신고 – 증여세 신고 – 신고도움 자료 조회 – 상속 증여재산 평가하기 클릭

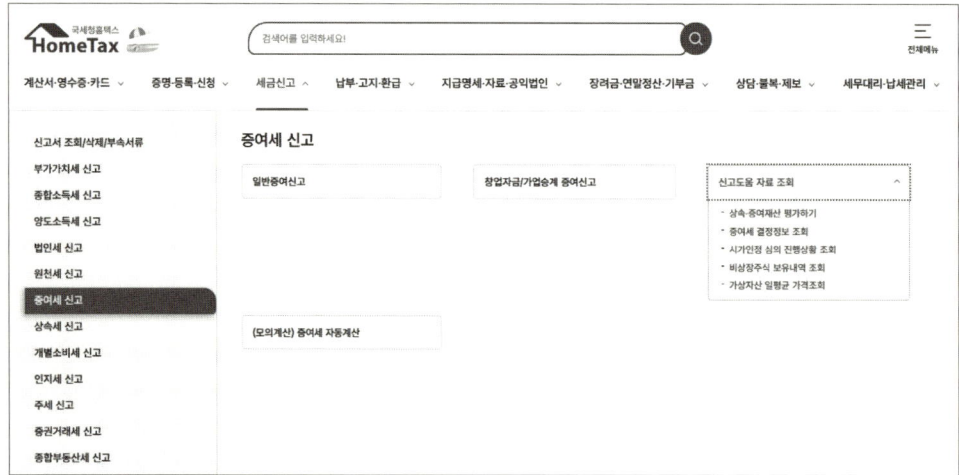

③ 상속·증여재산 평가 바로가기 클릭

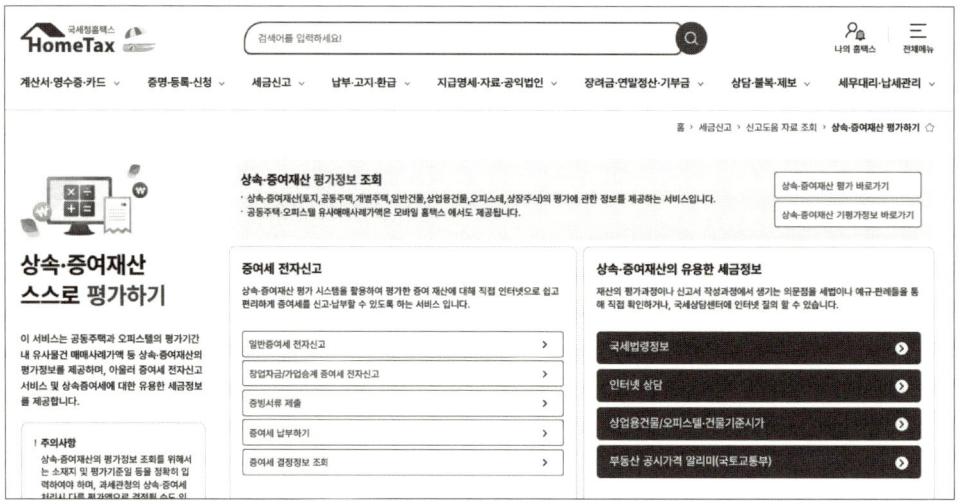

④ 재산종류, 세목, 증여일자, 부동산소재지(지번까지) 입력 후 다음 클릭

⑤ 유사재산의 매매 등 가액 '예' 선택 후 유사 매매사례가액 찾기 클릭

⑥ 〈위 사항을 확인하였습니다.〉 박스 체크 후 닫기 클릭

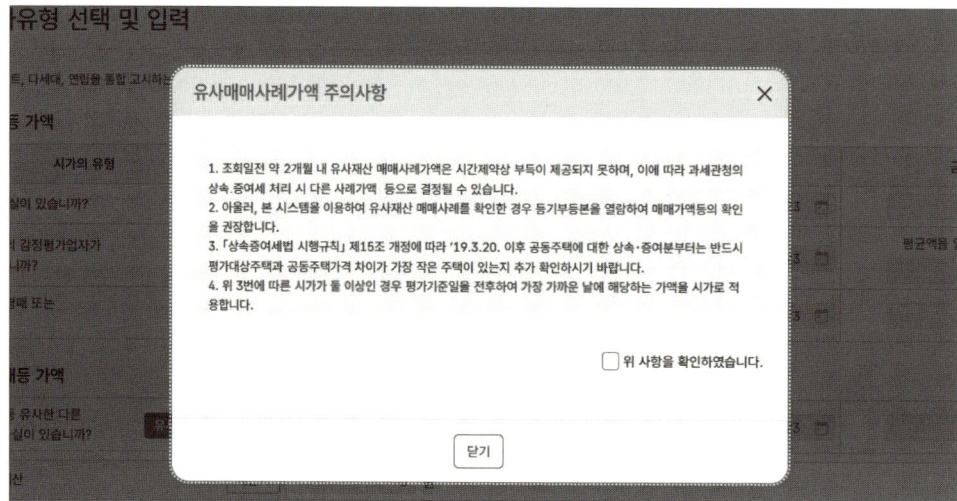

⑦ 건물명 조회 및 선택 – 상세주소 입력 후 검색하면 조회완료

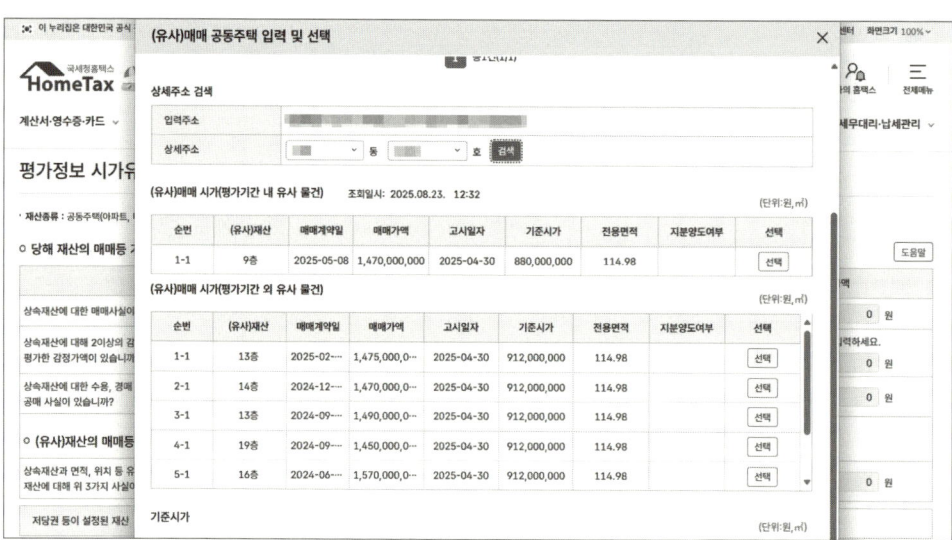

4 부모님의 사전증여, 세무서에서 확인할 수 있을까?
상속세 신고 전 내역 조회법

"저희 아버지가 사전증여 하신 게 있었다고요?"

상속세 신고를 할 때 상속인들에게 다음과 같은 증여가 있었는지 항상 물어본다.

구분	내역
피상속인이 상속인에게	상속개시일로부터 10년 이내 증여한 금액
피상속인이 상속인 외의 자에게	상속개시일로부터 5년 이내 증여한 금액

대부분 "없었다"고 답하지만 그 말을 그대로 믿고 신고하면, 가끔 9년 10개월 전에 이뤄진 증여가 발견되거나, 피상속인이 상속인을 위해 신고한 내용이 본인도 모르는 사이에 드러나는 경우가 종종 있다. 그래서 언젠가부터 상속인들 동의 하에 피상속인 기준 사전증여한 내용을 조회한다. 다음과 같은 항목들을 조회 요청하면, 사전증여 내역뿐 아니라 피상속인의 재산까지 함께 확인할 수 있어 매우 유용하다. 조회는 가까운 세무서 민원실에 신청하면 된다.

사전증여 내역을 미리 확인하면, 신고 과정에서 예상치 못한 세금 폭탄을 피할 수 있다.

【상속세 및 증여세 사무처리규정 별지 제33호 서식】

| 관리번호 | - | | | | **상속재산 및 사전증여재산 확인 신청서** | | 처리기간 7일 |

상속재산 및 상속세 합산대상 사전증여재산 확인을 위해서는 신청인과 피상속인의 주민등록번호를 포함한 개인정보의 수집·이용 제공에 동의하여야 하며 이를 원하지 않을 경우 정보 제공이 불가능 합니다.

신청인 (상속인)	① 성 명		② 주민등록번호		
	③ 피상속인과의 관계		④ 관계증명서류	【 】제출	【 】미제출
	⑤ 전 화 번 호	(자 택)	(휴대전화)		
	⑥ 주 소		⑦ 전자우편		

※ 상속재산 및 상속세 합산대상 사전증여재산 확인 신청은 민법상 1순위 상속인(사망자의 직계비속·배우자) 중 상속인들의 동의를 받은 상속인에 한해 신청할 수 있으며, 1순위가 없을 경우에는 2순위 상속인(사망자의 직계존속, 배우자), 1·2순위가 없는 경우에는 3순위 상속인(형제·자매), 1·2·3순위가 없는 경우에는 4순위 상속인(4촌 이내의 방계혈족) 순으로 상속인들의 동의를 받은 상속인에 한해 신청 가능

피상속인	⑧ 성 명		⑨ 주민등록번호	
	⑩ 주 소		⑪ 상속개시일	

신청대상	⑫	【 】 상속재산 및 상속세 합산대상 사전증여재산	
제공대상	⑬	【 】 신청인에게만 제공	【 】 상속인 전부에게 제공

· 상속세 신고를 위한 도움자료 성격이므로 동 서비스를 통해 제공되지 않은 상속재산도 세법에 따라 빠짐없이 상속세를 신고·납부하시기 바라며, 신청인(세무대리인 포함)은 이 건으로 취득한 상속재산 및 상속세 합산대상 사전증여재산 조회 결과를 상속세 신고 목적 외 용도로 사용해서는 안 됩니다.

본인은 상기 유의사항에 대해 확인하였으며, 상속재산 및 상속세 합산대상 사전증여재산 자료 제공을 신청합니다.

년 월 일

신 청 인 (서명 또는 인)

세무서장 귀하

신청인 제출서류	1. 신청인의 신분증(주민등록증, 운전면허증, 여권)
	2. 상속재산 및 상속세 합산대상 사전증여재산 확인 신청 상속인 위임장, 상속인의 위임의사를 확인할 수 있는 서류*
	  * 상속인의 신분증(사본)
	3. 대리인이 신청하는 경우 위임장, 위임인의 위임의사를 확인할 수 있는 서류, 위임받은 사람의 신분증
	  * 위임자의 신분증(사본)
	4. 가족관계증명서 등 피상속인과의 관계증명서류
		수수료 없음

개인정보 수집·이용에 대한 동의 (개인정보보호법 제24조)

(수집이용목적) 상속재산 및 상속세 합산대상 사전증여재산 정보제공, 피상속인과의 관계 확인 등   (보유이용기간) 30년
(수집대상 고유식별정보) 주민등록번호, 외국인등록번호, 여권번호 등

☐ 본인은 개인정보 제공에 동의합니다.   ☐ 본인은 개인정보 제공에 동의하지 않습니다.

※ 동의를 거부할 권리가 있으며, 동의를 거부할 경우 상속재산 및 상속세 합산대상 사전증여재산 확인 신청을 할 수 없음을 양지하여 주시기 바랍니다.

신청인   (서명 또는 인)

5 상속세, 얼마나 나올지 미리 알 수 있을까?
홈택스 모의계산 활용법

상속이 발생하면, 장례식을 치르고 평생 한두 번 있을까 말까 한 큰일을 겪느라 경황이 없다. 그 와중에 사망신고와 '안심상속 원스톱 서비스'를 신청하게 된다. 그리고 또 준비해야 하는 것이 상속세 신고다. 많은 이들이 세무사를 찾기 전에 유튜브 영상을 보고, 블로그를 찾아본다.

그런데 의외로 홈택스의 '상속세 모의계산' 기능이 잘 만들어져 있다. 한 번쯤 활용해 실전 계산을 해보길 권한다. 다만, 실제 신고로 넘어가면 상속재산 포함 여부, 채무 인정 여부, 재산평가, 취득세 감면, 공제금액 최대화, 사전증여재산의 범위, 재산분할 등에 걸쳐서 신경 써야 할 부분이 너무 많다.

오죽하면 세무사인 나조차 "나중에 내 상속세는 내가 못 할 것 같다"고 말하곤 한다. 내가 작성해본 상속세 신고서 중에 쉬운 신고서는 하나도 없었고, 고민해서 절세액이 안 나오는 신고서는 거의 본 적이 없다. 반드시 가까운 세무사와 상의한 후 신고하기를 권장한다.

모의계산 결과가 생각보다 크게 나왔다면, 당황하기보다 '왜' 그 금액이 나왔는지 항목별로 뜯어보는 것이 중요하다. 상속세는 단순히 재산 총액만이 아니라, 부채·공제·평가액 조정 여부에 따라 수천만 원씩 차이가 난다.

특히 부동산의 경우 시가와 기준시가 중 어떤 것을 적용하느냐에 따라 세액이 달라질 수 있다. 계산 과정에서 가정값을 꼼꼼히 설정해야 한다. 모의계산은 말 그대로 '예상치'이므로, 실제 신고 전에는 반드시 전문가 검증을 거쳐야 안전하다.

① 간편인증 등을 통해서 본인인증을 해야 한다.
② 세금신고 – 상속세 신고 – (모의계산)상속세 자동계산 – 간편계산하기 클릭

③ 실제 내용을 입력해보자.
④ 계산하기 클릭. 상세하게 계산내역이 조회된다.

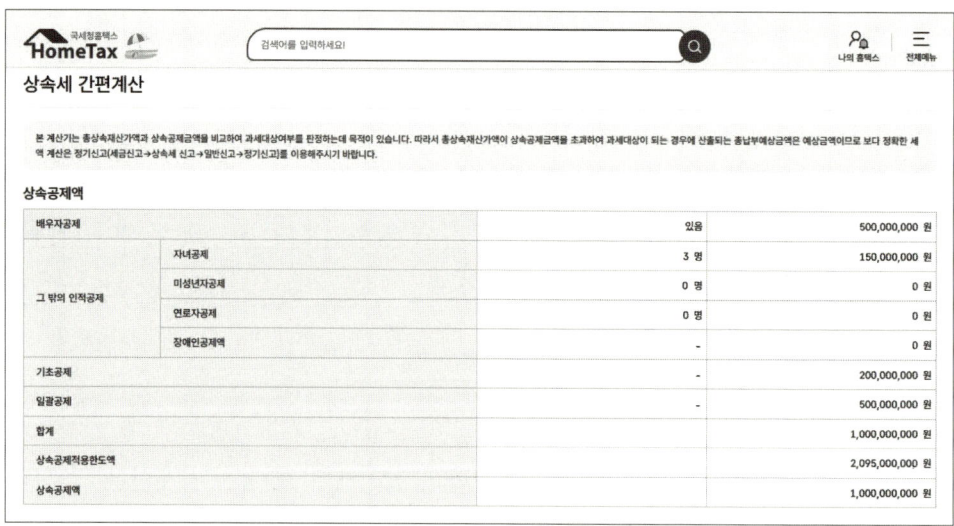

상속세 간편계산 결과

상속개시일	2025-06-03
상속재산가액	2,010,000,000 원
비과세, 과세가액 불산입액	0 원
사전증여재산가액	100,000,000 원
채무	0 원
공과금	0 원
일반장례비용	10,000,000 원
봉안시설 또는 자연장지비	5,000,000 원
상속세 과세가액	2,095,000,000 원
최종 상속공제액	1,000,000,000 원
상속세 과세표준	1,095,000,000 원
상속세율	40 %
누진공제액	160,000,000 원
산출세액	278,000,000 원
신고세액공제	8,340,000 원
총납부예상금액	269,660,000 원

6 양도소득세 예정신고, 어떻게 할까?
간편신고 절차와 주의점

나와 소속 세무사들까지 총 4명이 한 달에도 약 10건 이상의 양도소득세 예정신고를 하고 있다. 그중에서도 양도소득세는 이성우 세무사가 특히 뛰어나서, 나는 그를 항상 '양도 박사'라고 부른다.

양도소득세 비과세 여부를 판단하고, 정확한 세액을 계산하는 과정은 스트레스를 유발하는 복잡한 과정이다. 법률 한 글자 해석을 잘못해서 수억 원이 왔다 갔다 할 수도 있다. 거주자 판정, 주택 여부 판정, 세대원 판단, 층수 판단, 취득일, 거주기간 등 모든 요소가 세심한 해석을 요구한다.

그럼에도 불구하고 자체 학습을 통해서 세액 계산까지 마치신 분들이 많이 있다. 그런데 신고만 어떻게 해야 할지 모르겠다는 분들을 위해, 양도소득세 예정신고 방법을 적어본다.

- 홈택스에서 양도소득세 예정신고서 작성
- 지방소득세 작성
- 납부서 출력 및 납부
- 첨부서류 제출

이 단계들을 꼭 빠뜨리지 않길 바란다. 단, 아무리 쉬운 세액 계산이더라도, 자신의 판단을 과신하지 말고 반드시 주변 세무사에게 다시 한번 확인하길 당부한다.

① 간편인증 등을 통해서 본인인증을 해야 한다.
② 세금신고-양도소득세 신고 – 예정신고 – 1개 부동산 양도 간편신고 클릭(한해에 1개만 양도하고, 실거래가액이 있는 경우)

③ 양도연월 등 기본정보를 입력한 후 저장 후 다음 이동 클릭

④ 양수인 추가 버튼을 활용하여 양수인의 인적사항을 기재

⑤ 양도자산에 대한 기본내용을 입력한다. 과세대상 여부, 고가주택 비과세, 일반 비과세를 잘 선택한다.

⑥ 양도가액, 취득가액, 필요경비 등을 입력하면 세액이 계산된다.

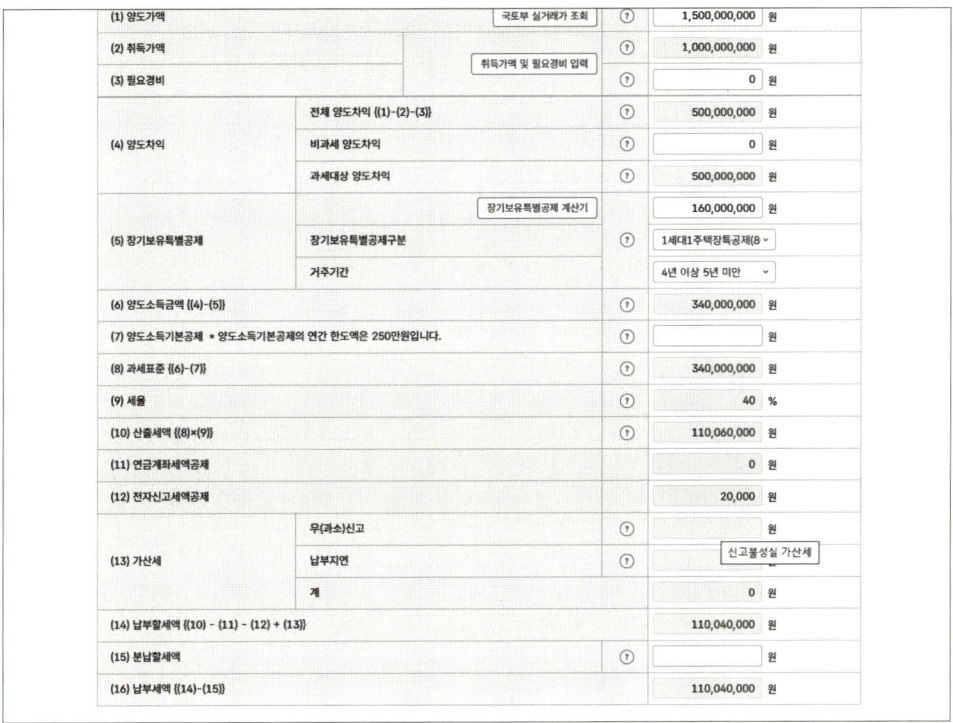

세금 없이
돈 주고받는 기술

초판 1쇄 인쇄 2025년 9월 10일
초판 1쇄 발행 2025년 9월 20일

지은이 염지훈, 정현호

대표 장선희 **총괄** 이영철
책임편집 안미성 **기획편집** 정시아, 오향림
책임 디자인 이승은 **디자인** 장혜미
마케팅 김성현, 이은진, 양아람
경영관리 전선애

펴낸곳 서사원 **출판등록** 제2023-000199호
주소 서울시 마포구 성암로 330 DMC첨단산업센터 713호
전화 02-898-8778 **팩스** 02-6008-1673 **이메일** cr@seosawon.com

홈페이지   인스타그램

ⓒ 염지훈, 정현호

ISBN 979-11-6822-460-5 03320

- 이 책은 저작권법에 따라 보호를 받는 저작물이므로 무단 전재와 무단 복제를 금지합니다.
- 이 책 내용의 전부 또는 일부를 이용하려면 반드시 저작권자와 서사원 주식회사의 서면 동의를 받아야 합니다.
- 잘못된 책은 구입하신 서점에서 바꿔 드립니다. • 책값은 뒤표지에 있습니다.

서사원은 독자 여러분의 책에 관한 아이디어와 원고 투고를 설레는 마음으로 기다리고 있습니다.
책으로 엮기를 원하는 아이디어가 있는 분은 서사원 홈페이지의 '출간 문의'로
원고와 출간 기획서를 보내주세요. 고민을 멈추고 실행해보세요. 꿈이 이루어집니다.